THÈSE

POUR LE DOCTORAT

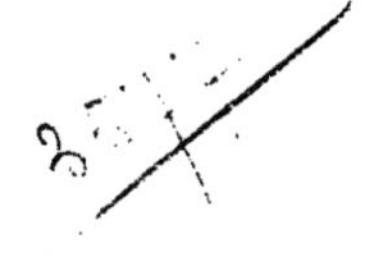

FACULTÉ DE DROIT DE PARIS

DROIT ROMAIN

DE LA

NATURE DE LA LÉGITIME

DROIT FRANÇAIS

DU

MODE D'ÉTABLISSEMENT DES FONDATIONS

THÈSE POUR LE DOCTORAT

L'ACTE PUBLIC SUR LES MATIÈRES CI-APRÈS
Sera soutenu le Vendredi 24 Février 1888, à 2 heures 1/2

PAR

ANDRÉ LORY
JUGE SUPPLÉANT A PROVINS

Président : M. BUFNOIR.

Suffragants : MM. DESJARDINS, *professeur*.
ESMEIN, *agrégé*.
PLANIOL, *id.*

PARIS
LIBRAIRIE NOUVELLE DE DROIT ET DE JURISPRUDENCE
ARTHUR ROUSSEAU
ÉDITEUR
14, Rue Soufflot et rue Toullier, 13

1888

DROIT ROMAIN

DE

LA NATURE DE LA LÉGITIME

INTRODUCTION

I

« O Dieux ! n'est-il pas bien dur que je ne puisse disposer de mon bien comme je l'entends, et en faveur de qui il me plait, laissant plus à celui-ci, moins à celui-là, suivant l'attachement qu'ils m'ont fait voir », dit un personnage de Platon dans les *Lois*, et le législateur lui répond : « Toi qui ne peux te promettre plus d'un jour, toi qui ne fais que passer ici-bas, est-ce bien à toi de décider de telles affaires ? Tu n'es le maître ni de tes biens ni de toi-même: toi et tes biens, tout cela appartient à ta famille, c'est-à-dire à tes ancêtres et à ta postérité » (1).

Telle fut pendant longtemps l'idée que le monde antique se fit du droit de propriété. Le maître, le véritable propriétaire du domaine patrimonial, ce n'était pas le chef de famille, c'était la famille elle-même, c'était ce foyer dont le feu ne devait jamais s'éteindre par faute de biens pour l'alimenter, comme par faute d'hommes pour l'entretenir. Le père de famille n'était en quelque sorte que l'administrateur et l'usufruitier du patrimoine familial (2). Il devait le conserver et le rendre intact à ceux que la religion appelait après lui au soin des sacrifices (3) et qu'elle faisait héritiers siens, héritiers nécessaires, « *heredes sui* », « *heredes necessarii* », comme disent si énergiquement les vieux jurisconsultes romains (4).

Le droit de tester, c'est-à-dire la faculté de disposer de ses biens après sa mort pour les faire passer à d'autres qu'à l'héritier naturel, à l'héritier du sang, n'existait pas alors. On ne le concevait même pas.

(1) Platon, *Lois*, XI.

(2) L. II au Dig. *De liberis et posthumis*, XXVIII. II.

(3) La religion prescrit, dit Cicéron, que les biens et le culte de chaque famille soient inséparables et que le soin des sacrifices soit toujours dévolu à celui à qui revient l'héritage. *De Legibus*, II, 19, 20.

(4) Fustel de Coulanges. *Cité antique*, chap. VII. — Guérard, *Droit privé des Romains*, 1C5.

La nature seule faisait des héritiers. Mais l'homme n'avait pas le pouvoir d'instituer qui que ce soit en cette qualité par un acte de sa volonté (1).

A la longue, cependant, ces vieux principes s'affaiblirent avec les idées religieuses qui leur avaient donné naissance, et les sentiments que nous avons entendu exprimer par le personnage de Platon, l'emportèrent sur eux. Ils étaient trop conformes à la nature humaine; ils répondaient trop aux besoins du cœur pour ne pas finir par triompher, et le testament, inconnu dans la législation de Lycurgue, comme dans celle de Solon, comme dans celle de Numa, fit son apparition dans la vie juridique.

« *Uti legassit super pecunia tutelave suæ rei ita jus esto* », dit la loi des Douze Tables, semblant bien consacrer par là le droit absolu pour le père de famille de faire la loi de sa chose et d'en disposer à son gré.

Mais alors l'inconvénient inverse à celui qui s'était produit jusque là allait apparaître.

On n'avait pu se montrer reconnaissant envers ceux qui vous avaient prodigué les marques d'affection et les témoignages de dévouement; on allait pouvoir se montrer ingrat envers ceux qui, ce-

(1) Fustel de Coulanges. *Cité antique*, chap. VII, p. 5.

pendant, n'avaient pas démérité et n'avaient rien fait pour s'aliéner vos sympathies. Les passions allaient pouvoir dépouiller les familles de biens à elles légitimement dus, et des enfants allaient pouvoir être privés de la succession paternelle et la voir passer à des personnes bien souvent indignes, par un simple caprice de leur auteur.

Les dificultés du testament à son origine, quand il devait se faire dans les comices, assemblés par curies, en présence des pontifes et avec leur assentiment, « *calatis comitiis apud pontifices* », prévenaient ces dangers et protégeaient les héritiers légitimes contre des dispositions irréfléchies.

Mais quand le testament fut devenu plus facile et qu'il ne dépendit plus en quelque sorte que de la volonté de son auteur, volonté que rien ne surveillait ni n'éclairait plus, les inconvénients de cette liberté absolue, ainsi laissée au testateur, apparurent chaque jour davantage.

Or, s'il est contraire à la nature humaine qu'on ne puisse reconnaître les bienfaits et disposer de ses biens suivant son cœur, il lui est encore plus contraire qu'on puisse complètement dépouiller ceux qui, nés de votre sang, faits de votre chair, sont appelés par leur conception même à vous succéder et auxquels vous devez transmettre au moins une partie de vos biens, parce que vous leur avez transmis, avec la vie, au moins une partie de vos désirs et de vos besoins.

« La loi naturelle ordonne aux pères de nourrir leurs enfants; mais elle n'oblige pas de les faire héritiers », a dit Montesquieu (1). La froide et bien souvent subtile raison de l'habile politique avait pu l'amener à penser ainsi; mais contre un pareil sentiment, la conscience des peuples a toujours protesté. « *Sunt quibus non solum aliquid pie relinquitur sed etiam irreligiose non relinquitur* », avait dit avant lui un plus modeste écrivain, Salvien, et c'est à ce dernier que revient l'honneur d'avoir exprimé le véritable sentiment de l'humanité, celui qu'elle trouve dans son cœur et que n'en déracineront jamais les plus habiles raisonnements, les plus superbes théories, car « le cœur a des raisons que la raison ne connaît pas », et qui toujours prévalent contre elle.

Aussi, de bonne heure, dans la législation romaine voyons-nous la liberté de tester du père de famille perdre peu à peu de son absolutisme primitif et finir par se courber sous les lois qu'une jurisprudence tutélaire allait lui imposer.

Une première étape sur cette voie nous amène à l'époque où le père de famille continue à pouvoir

(1) Montesquieu. *Esprit des Lois*, liv. XXVI, chap. VI.
(1) Salvien. *Ad eccles. cath.*. lib. III.
Inst., lib. II, tit. XIII.

entièrement déshériter ses descendants et à ne rien leur devoir de sa succession, mais où il doit pour cela les exhéréder soit *nominatim*, soit *inter ceteros* », suivant les cas, c'est-à-dire formellement les exclure de son hérédité et, en quelque sorte, les en bannir comme par un jugement émané de sa toute puissance paternelle. Autrement, son testament était frappé de nullité. On se refusait à voir un acte valable dans un acte ainsi fait au mépris de tous les sentiments de la famille et le *de cujus* était considéré comme mort intestat. La législation du prêteur, complétant sur ce point, comme sur tant d'autres, l'œuvre du droit civil, ne tarda même pas à accorder la possession de biens *contra tabulas* à ceux que le droit civil ne protégeait pas (1), parce qu'il ne les regardait pas comme faisant partie de la famille du défunt, malgré les liens naturels qui les y rattachaient : j'ai nommé les enfants émancipés, les enfants donnés en adoption, puis émancipés par l'adoptant, les enfants nés ou conçus de lui avant que lui-même fut émancipé ou donné en adoption ; les enfants qu'il avait eus étant « *in potestate* » et que son père avait émancipés en le retenant lui-même sous sa puissance,

(1) L. 17. *De bon. pass. cont. tab.* Inst., libr. II. Libr. XVIII, p. 4 L. 3, p. 9 ; L. 7. L. 6 princ. et parag. 2 *De bon. poss. cont. tabulas.*

les petits-enfants enfin conçus d'un fils déjà émancipé.

Bientôt, il ne suffit plus d'exhéréder ainsi purement et simplement ceux de ses descendants auxquels on ne voulait laisser aucune partie de ses biens. Cette exhérédation dut encore être juste.

Les magistrats romains avaient pensé que la nécessité de cette condamnation solennelle qu'implique l'exhérédation serait un frein suffisant aux dispositions irréfléchies.

Il n'en fut rien.

Les parents exhérédant la plupart du temps leurs enfants sans cause légitime « *plerumque parentes sine causa liberos suos exheredantes vel omittentes* » (1), comme le dit fort bien Justinien, apparut « *la querela in officiosi testamenti.* »

Cette action fort ancienne, et en tous cas, antérieure à Cicéron (2), tendait à la rescision des dispositions testamentaires et plus tard, des dispositions entre vifs elles-mêmes faites par le défunt; elle était accordée d'une part à ses descendants et ascendants dans le cas où il les avait injustement exhérédés ou même simplement omis sans leur avoir laissé à titre de legs au *de* fidei commis une portion convenable de ses biens, et d'autre part à

(1) Inst, lib. II, t. XVIII, *Princ.*

(2) Cicéron, 2 act. cont. Verres, I, 42. — Valere-Maxime, Fact. Tit. *Memorabilium*, lib. VII. c VII,. N. 2.

ses frères et sœurs germains ou consanguins lorsqu'il leur avait préféré des personnes d'une conduite honteuse (1).

Mais quelle était cette portion de biens qu'il fallait ainsi laisser à ses descendants, à ses ascendants, ou à ses frères et sœurs, suivant les cas, pour mettre son testament à l'abri de toute attaque?

Pendant longtemps le tribunal des Centumvirs qui connaissait des querelles d'inofficiosité fut le juge absolu de cette question, comme il l'était également de celle de savoir si l'exhérédation était juste ou injuste.

De là une multiplication presque infinie des plaintes d'inofficiosité, multiplication qui fit sentir le besoin de déterminer d'une façon précise et invariable la portion de biens due à ceux que la loi ne permettait plus de déshériter arbitrairement.

Cette portion de biens à laquelle on donna le nom de *portion légitime* (*pars legibus debita*) ou simplement de *légitime* fut d'abord fixée, par analogie de la *quarte falcidie*, pour tous ceux auxquels elle était due et que nous appellerons désormais les légitimaires, indistinctement et sans égard à leur nombre au quart de la portion qu'en l'absence de dispositions à titre gratuit, faites par le défunt, chacun

(1) Inst. lib. II. tit XVIII, *Princ.* et p. 1.

d'eux aurait obtenue sur le reliquat actif des biens de ce dernier après déduction des dettes et des frais funéraires.

Non encore admise sous le règne d'Auguste, cette fixation était de droit commun au temps de Pline le Jeune (1), et elle le demeura jusqu'à Justinien, qui modifiant le taux de la légitime, l'éleva en faveur des descendants et décida que, désormais, on devrait leur laisser ou le tiers de son patrimoine, si leur nombre ne dépassait pas quatre, ou la moitié s'ils étaient plus nombreux (2). Il est même probable qu'il était dans l'intention de cet empereur que tous les légitimaires pussent invoquer le bénéfice de cette augmentation. En effet le chapitre Ier de la Novelle 18 se termine en ces termes : « *Hoc observando in omnibus personis in quibus ab initio antiquæ quartæ ratio de inofficioso lege decreta est* » ; mais enfin le commencement de ce chapitre ne parlant expressément que des enfants, ce dernier point n'est pas admis pour tout le monde.

Quoi qu'il en soit, descendants, ascendants frères ou sœurs étaient toujours assurés de recueillir une partie déterminée de la fortune de leurs auteurs, de leurs enfants, de leurs frères ou sœurs dans certains cas. Le droit positif après avoir consacré

(1) Pline, livre 5, let. I.
(2) Novelle, 18, cap. I.

les principes du Droit naturel, les avait précisés et réglementés.

Mais en quelle qualité les légitimaires prenaient-ils cette portion du patrimoine du défunt, ainsi rendue indisponible en leur faveur? Etait-ce comme héritiers? Etaient-ce comme créanciers de la succession? En un mot et pour employer les expressions consacrées, la légitime était-elle considérée comme une portion des biens « *pars bonorum* » due au légitimaire, ou comme une portion de l'hérédité « *pars hereditatis* » dont on ne pouvait disposer au préjudice de certains successeurs, véritablement nécessaires alors ?

II

CAUSES QUI ONT FAIT NAITRE LA CONTROVERSE SUR LA NATURE DE LA LÉGITIME

Qu'elle était la nature de la légitime?

Le législateur romain n'a jamais tranché cette question par aucun texte précis. Les jurisconsultes eux-memes ne s'en sont pas préoccupés, et il ne parait pas qu'elle ait été jamais discutée à Rome, pas plus qu'à Constantinople où tant de choses cependant se discutaient.

Quelles personnes avaient droit à la légitime? Sur quels biens devait-elle être calculée? A qui profitait l'inaction ou l'indignité de certains légitimaires? Quelles libéralités s'imputaient sur la légitime? Tous ces points ont été examinés et élucidés par quelque rescrit (1).

Nullement celui qui nous occupe.

L'intérêt de cette question pourtant pouvait être considérable.

En effet, si la légitime n'est qu'une portion des biens du *de cujus* et le légitimaire un créancier, créancier spécial il est vrai, mais enfin créancier,

(1) D. et C. L. *De inoff. test.*

pour obtenir sa part dans l'héritage du défunt, il n'aura qu'à se présenter au partage et à justifier de sa qualité comme tout autre créancier. On le paiera et, une fois payé, il demeurera absolument étranger à l'hérédité et personne ne pourra le rechercher à l'occasion de cette dernière.

De plus, s'il meurt avant d'avoir exercé ses droits, ses héritiers les trouveront toujours intacts dans sa succession et pourront les exercer en son lieu et place.

Au contraire, si la légitime doit être considérée, non comme une dette de l'hérédité, mais comme une partie même de cette hérédité, le légitimaire, pour la réclamer, devra d'abord se porter héritier, c'est-à-dire ne pas s'abstenir ni répudier s'il est héritier sien, faire *adition* s'il n'est qu'héritier externe, et, dans ce dernier cas, s'il meurt avant d'avoir fait adition en vertu du principe « *hereditas non adita non transmititur* » et sous la réserve des corrections apportées à ce principe par Théodose le Jeune et Justinien (1), savocation héréditaire ne passera point à ses héritiers.

En outre, et c'est là la plus grave conséquence, une fois héritier, devenu le représentant légal du défunt, son continuateur juridique, si des dettes inconnues au moment du décès du *de cujus* vien-

(1) L. unique au Code, *De his qui ant apert tab.* VI, 52 L. 19 au C. *De jur. delib.*, VI, 30.

nent à être découvertes plus tard et que le légitimaire ne se soit pas mis en état de pouvoir invoquer le bénéfice d'inventaire, il sera tenu des dettes indéfiniment et sur son propre patrimoine même « *ultra vires hereditatis* » ; de sorte que l'institution établie en sa faveur par la loi se retournera contre lui et l'appauvrira au lieu d'empêcher son dépouillement.

Enfin, s'il vient à être déclaré indigne, en dehors bien entendu des cas d'indignité prévus par la Novelle 115, il conservera néanmoins son droit à la légitime dans le premier système ; il le perdra dans le second.

A Rome, cet intérêt était diminué par la précision même de la législation qui, déterminant avec soin, quand et par qui la légitime pouvait être réclamée ou conservée et dans quelles conditions elle pouvait l'être, dispensait de rechercher de déduction en déduction des solutions nettement formulées.

Plus tard, il n'en fut plus de même. Les droits des héritiers à réserve donnèrent lieu à de nombreuses controverses. La règle consacrée par la législation, coutumière à savoir que celui-là seul pouvait prétendre à la réserve qui était héritier, souleva surtout de vives critiques par les conséquences mêmes qu'elle entraînait. A quoi bon en effet avoir organisé toute la théorie du rapport et avoir accordé aux seuls héritiers l'exercice de l'action en réduction, si pour profiter de l'un et exercer l'autre, il faut se porter héritier, c'est-à-dire se déclarer tenu « usque ad infinitum » de toutes les obligations du défunt? En dernière analyse, ne seront-ce point alors les créanciers qui profiteront seuls de ces deux institutions du bénéfice desquelles on a voulu cependant les retrancher?

Pour échapper à cette conséquence qui leur semblait inévitable, les jurisconsultes du moyen-âge, ne virent d'autres moyens que de faire de la portion réservée non une portion de l'hérédité, mais une portion des biens qu'on pourrait réclamer ou conserver sans se porter héritier, et comme alors une théorie juridique ne pouvait avoir de valeur qu'à la condition d'avoir été consacrée par le droit romain « la raison écrite », on proclama que telle était effectivement la théorie romaine. On ne pouvait la faire résulter d'aucun texte formel, mais on s'efforça de la faire ressortir de déduction en déduction de toutes les lois du Digeste ou du Code qui s'occupaient de la matière, afin d'opposer à la réserve coutumière la légitime romaine, et de parvenir à faire corriger la première par la seconde.

Tous les interprètes, cependant, n'acceptèrent pas cette opinion. Ceux surtout que leurs préférences entraînaient vers le droit coutumier s'efforcèrent de la combattre.

De là est née la controverse sur laquelle nous allons essayer de nous prononcer.

Beaucoup d'autres, il est vrai, et de plus autorisés, l'ont fait avant nous. Néanmoins on est encore loin d'être d'accord à son sujet :

« Grammatici certant et adhuc sub judice lis est. »

Il nous a donc paru qu'il ne serait point absolument inutile de revenir sur cette vieille dispute, et d'essayer de nous faire sur elle, une conviction personnelle, en dehors de toute idée préconçue, de tout désir de faire cadrer notre solution avec tel système ou avec tel autre, mais en nous tenant uniquement aux textes du Digeste, du Code pris dans leur sens le plus naturel et le plus simple.

III

Système qui veut que la légitime soit une « quote des biens »

La plupart des anciens commentateurs du droit romain et beaucoup d'auteurs contemporains n'ont voulu voir dans la légitime qu'une quote des biens et non de l'hérédité, une sorte de dette de la succession vis-à-vis des légitimaires, dette dont ces derniers pouvaient se prévaloir sans se porter héritiers et sans, par conséquent, se trouver exposés un jour aux poursuites indéfinies des créanciers. « La légitime à Rome n'était point une portion de la succession dont l'obtention, dès lors exigeat le titre d'héritier, c'était une créance établie sur les biens pour assurer à l'enfant, en cette seule qualité, le secours que la nature commande de lui donner », dit Marcadé (1). Toullier dit de même : « La légitime accordée aux enfants fut donc considérée comme une grâce plutôt que comme un droit, ce

(1) Marcadé sur l'art. 914. N° 4, 3e edit.

fut un secours accordé aux enfants, *une dette* établie en leur faveur sur la succession. » (1) Merlin Coin-Delisles étaient du même avis et M. Accarias dans son précis de droit romain, s'est rangé à cette opinion partagée par la plupart des rédacteurs du Code civil et professée autrefois par Menochius, Voët, Schulling, Furgole, et quelques autres encore comme Montica, Grassus, Jason, Alexandre.

Reste à savoir si elle cadre bien avec les textes et les principes du droit romain, et pour cela voyons les arguments qu'on a fait valoir en sa faveur.

L'hérédité, a-t-on dit, pour la soutenir comprend tout l'actif et le passif d'une personne décédée : « *hereditas nihil aliud est quam successio in universum jus quod defunctus habuerit.* » (loi 62. D. De regulis juris.) Les biens, au contraire, ne s'entendent que de ce qui reste après les dettes acquittées : « *bona intelligunt ur cujusque, quæ, deducto œre alieno supersunt.* » (Loi 39, p. I. De verborum significatione.) Or, sur quelle base se calcule la légitime? Nous le savons :

(1) Toullier, T. V. N° 109. Merlin. V° Légitime. Coin-Delisles Limites du droit de l'enfant. N° 8, p. 8. Accarias. Précis de droit romain. N° 355. Fanet, T. XII, p. 346.

Voët. Comm. ad Pand. De inoff. test. Schulling. Jurisp. vetus, antejust. Sentences de Paul IV, 5, p. 6. Furgole des testaments, chap. X, sect. I. N° 116, sect. II. N° 39 et 40. Menochius. lib. IV. De Prœsumpt. 101. N° 8, 9 et s.

sur l'actif net de la succession, déduction faite des dettes et des frais funéraires. La loi 8, p. 9; de inoff. testamento ne laisse aucun doute à cet égard. « *Quarta autem accipietur, scilicet deducto ære alieno et funeris impensa.* » C'est donc sur les biens et non sur l'hérédité qu'on se fonde pour l'établir. Elle est le quart des biens, non le quart de l'hérédité. Elle ne peut, par conséquent, avoir une autre nature, être autre chose que ce dont elle est le quart c'est-à-dire une portion des biens, la partie ayant toujours la même nature que le tout.

Cela est si vrai que c'est effectivement ainsi qu'elle est désignée dans les textes. La loi 6 au Code de Inoff. test. l'appelle expressément « *Bonorum partem* », une portion des biens. « *Cum quæritur*, dit-elle, *an filii de inofficioso testamento possint dicere, si quartam partem mortis tempore testator reliquit, inspicitur.* »

La loi 5, *de inofficiosis donationibus*, toujours au Code, la qualifie pareillement de « *secours dû aux enfants sur les biens de leur père,* » *debitum bonorum subsidium.* » Enfin le chapitre I de la Novelle 18 n'est pas moins formel sur ce point : il fixe la légitime à une certaine quote, non de l'hérédité, mais de la propre substance du défunt. « *Hæc nos moverunt corrigere legem, et non eam despicere semper erusbescentes : talique modo determinare causam, ut si quidem unius est filii pater aut mater : aut duorum vel trium, vel quatuor : non triuncium eis relinqui solum, sed etiam tertiam propriæ substantiæ partem : hoc est uncias quatuor ; et hanc esse definitam mensuram usque ad prædictum numerum. Si vero ultra quatuor habuerunt filios, mediam eis totius substantiæ relinqui partem.*

De même la loi I. p. 25 au D. XXXVI, VI et surtout la loi 36 au Code de snoff. testamento, princip. in fine, qui, parlant du complément de la légitime, s'exprime ainsi : « *Repletionem autem fieri ex ipsa substantia patris, non si quid ex aliis causis filius lucratus est, vel ex substitutione, vel ex jure accrescendi, ut puta usufructus ; humanitatis etenim gratia sancimus, ea quidem omnia quasi jure adventitio eum lucrari : repletionem autem ex rebus substantiæ patris fieri.* »

La loi 8, p. 15 au Digest. liv. 5 titre II va plus loin encore. Elle appelle formellement la légitime une dette de la succession « *œs alienum,* » et elle la considère si bien comme telle qu'elle décide que celui qui a échoué dans son action en inofficiosité n'en conserve pas moins son droit à la quarte malgré cette règle du droit romain qui veut cependant que quiconque attaque un testament, perde, s'il échoue, les libéralités qui lui avaient été laissées par le défunt. « Si qui impubes adrogatus sit ex his personis quæ et citra adoptionem et emancipationem queri de inofficioso possunt, hunc puto remouvendum a querela, cum habeat quartam ex constitutione D. Pii. Quod si egit, nec obtinuit, an quartam perdat? Et puto, aut non admittendum ad inofficiosum, aut si admittatur, et si non obtinuit, quartam ei, *quasi æs alienum*, concedendam. »

A côté de ces raisons purement de textes, il en existe d'autres, continue-t-on, non moins concluantes, non moins décisives, tirées de la nature même de l'institution.

La légitime, en principe, ne s'imputait pas sur les donations entre vifs faites par le défunt au légitimaire. Ce dernier pouvait réclamer la quarte sur les biens laissés par le défunt, quelles qu'aient été les libéralités que celui-ci lui ait faites de son vivant. Il faut arriver à l'empereur Zénon et à Justinien pour voir porter atteinte à cette règle du droit classique (1). Mais la légitime a toujours pu être laissée aussi bien par donation à cause de mort, par legs, par fideicommis que par une institution d'héritier (2). Or le moyen de regarder comme une quote de l'hérédité une portion de biens dont on est redevable à la qualité de légataire, de fideicommissaire ou de donataire, à Rome surtout où plus que partout ail-

(1) Zénon décida que désormais on imputerait sur la légitime les donations dotes causa et prupter nuptias. (Loi 29 au Code de Snoff. testamento). Et Justinien (loi 30 au Code eodem tit.), y ajouta les donations ad emendam militiam.

(2) Inst. Liv. II, titre XVII, p. 6.

leurs, il y a incompatibilité entre ces différentes qualités et celle d'héritier. Si donc le légitimaire peut être légataire ou donataire, et il le peut, c'est qu'il ne doit pas forcément être héritier.

A quelle conséquence du reste n'aboutirait-on pas s'il en était autrement. Primus par exemple institue Secundus son seul et unique héritier et déclare qu'il entend réduire les légitimaires à leur quarte, ce qui a toujours été permis, du moins jusqu'à Justinien, qui le premier imposa formellement au testateur d'instituer les légitimaires (1) en leur légitime. Que va-t-il arriver si ces derniers, pour arriver à la quarte, sont obligés de se dire héritiers du défunt ? Ne pouvant tirer cette qualité du testament puisque le testament ne les a pas institués, ils devront la faire résulter pour eux de leur vocation *ab intestat*. Or à Rome, on le sait, « nemo partim testatus, partim intestatus decedere potest (2). Le système qui veut faire de la légitime, non une quote des biens, mais une quote de l'hérédité se met donc inévitablement, ici encore, en contradiction évidente avec un des principes les plus absolus de la législation romaine.

Justinien, il est vrai, imposa au testateur, nous l'avons dit, la nécessité d'instituer formellement les

(1) Novelle 115, chap, III.
(2) Inst. p. 5. De hered. inst, II, 22).

légitimaires en leur légitime (1). Mais, au dire des partisans de l'opinion que nous exposons, il n'y a rien à en inférer contre eux, même à partir de cette époque. A les en croire, cette obligation nouvelle, introduite par la Novelle 115, n'était établie que dans un but purement honorifique et ne changeait rien au fond du droit. « Sola enim et nostræ serenitatis intentio a parentibus et liberis injuriam præteritionis et exheredationis auferre » (2), dit-elle en effet. De plus, ne déclare-t-elle pas, quelques lignes plus loin, que c'est pour l'avantage des légitimaires qu'elle introduit la nécessité de les appeler par institution : *Unde et constat, ad utriusque partis utililatem atque cautelam presentem legem fuisse prolatam, quam ex hoc occasiones promulgandam esse perspeximus.* » Or, s'il résultait de cette institution qu'ils fussent réellement héritiers, loin de tirer quelque utilité de ce titre, ils n'en retireraient au contraire que du préjudice. En dehors même de sa lettre il n'y aurait donc qu'à considérer l'esprit de la Novelle pour comprendre qu'il ne faut attacher qu'une portée fort restreinte à l'institution qu'elle impose et surtout ne pas y voir une modification aussi considérable du droit ancien que celle qui consisterait à faire regarder dès lors la légitime

(1) Novelle 115, chap. III.
(2) Novelle 115, chap. V, princip.

comme une portion de l'hérédité et non plus des biens. La Novelle du reste n'exige pas que l'institution soit universelle Elle permet au contraire de la borner à une chose particulière. « *Cæterum*, porte-t-elle, *si qui heredes fuerint nominati, etiam si certis rebus jussi fuerint nominati*, etc. (1). Or, on sait que l'institué dans un effet certain, « *in re certa* » n'est pas considéré comme héritier, mais comme légataire. N'est-ce pas la preuve irréfutable que Justinien en imposant d'instituer les légitimaires n'entendait pas faire d'eux de véritables héritiers, ne pouvant arriver à leur légitime qu'en la qualité de continuateurs juridiques du défunt.

En veut-on d'autres preuves ?

La querela inofficiosi testamenti avait un caractère injurieux pour la mémoire de celui contre le testament duquel elle était exercée, puisqu'elle tendait à le faire considérer comme mort « insanœ mentis ». (2) Aussi fut-elle toujours considérée comme une dernière ressource, « ultimum subsidium, » ouverte à ceux-là seulement qui ne trouvaient ni dans le droit civil ni dans la législation prétorienne aucun autre moyen d'obtenir la portion des biens du défunt qui devait leur revenir. Afin d'en restreindre encore l'application, une constitu-

(1) Novelle 115, chap. V, princip.
(2) Inst. lib. II, Sect. XVIII.

tion des empereurs Julien et Constance de l'année 361, décida qu'alors même qu'un enfant, un ascendant, un frère ou une sœur dans le cas où la loi leur ouvrait la querela, qu'alors même que ces personnes n'auraient pas reçu intégralement le montant de ce qui leur était dû pour écarter la plainte d'inofficiosité, elles n'auraient néanmoins pas le droit d'attaquer le testament comme inofficieux si le testateur avait eu soin d'ajouter à ses dispositions cette clause expresse : « ut quarta arbitratu boni viri replantur. » Dans ce cas les légitimaires avaient seulement le droit d'exiger le complément de leur quarte mais ils ne pouvaient faire tomber le testament. (1) Justinien alla plus loin encore. Il décida que cette clause, formellement exigée jusqu'à lui, serait désormais sous-entendue dans tous les testaments : « *Omni modo testatorum voluntatibus prospicientes, magnam et innumerabilem occasionem subvertendæ eorum dispositionis amputare censemus : et in certis casibus, in quibus de inofficiosis defunctorum testamentis, vel alio modo subvertendis moveri solebat actio, certa et statuta lege tam mortuis consulere, quam liberis corun vel aliis personis, quibus eadem actio competere poterat ; ut sive adjiciatur in testamento de ademplenda legitima portione, sive non, firmum quidem sit testamentum, liceat vero*

(1) L. 4. C. Ch. De Inoff, test. II. 19. Justinien. Inst. libre II lib. XVII p. 3.

his personis, quæ testamentum, quasi inofficiosum, vel alio modo subvertendum queri poterant, id quod minus portione legitima sibi relictum est ad implendam sine ullo gravamine, vel mora exigere. (1) Or quelle action était donnée aux intéressés pour se faire payer ce complément? *Une petitio hereditatis,* une *action familia exciscundæ?* Non. Une *conditio ex lege* c'est-à-dire l'action qui appartient non au cohéritier vis-à-vis de son cohéritier mais au créancier vis-à-vis de son débiteur pour se faire payer sa dette.

A toutes ces raisons enfin de décider que la légitime était une portion des biens et non de l'hérédité s'en ajouterait une dernière, toujours d'après les partisans de la même opinion, suffisante à elle seule à entraîner la conviction de tous.

Si la légitime était une portion de l'hérédité; partout et toujours, elle suivrait forcément le sort de cette hérédité : elle se gagnerait comme elle se perdrait avec elle et on ne pourrait être légitimaire sans être héritier. Or une foule de textes impliquent nécessairement le contraire.

Ainsi la légitime, nous l'avons vu, pût, à un moment donné, s'imputer tant sur les donations *propter nuptias* que sur les donations *ante nuptias.* Or le fils comme la fille conservent ces donations

(2) L. 30 au Code de Inoff, test.

alors-même qu'ils répudient la succession paternelle. Ils peuvent donc se trouver remplis de leur légitime tout en demeurant étrangers à l'hérédité.

Ainsi encore le fils qui attaque le testament de son père et qui succombe dans cette attaque ne perd pas sa légitime quoique privé de tout l'émolument qu'il pouvait retirer du testament, et éloigné de l'hérédité comme indigne. (Loi 8 p. 14 et 15, D. De Inoff. testam.)

Ainsi, surtout, le légitimaire, comme tout héritier, peut n'être institué que sous condition. (Loi 4. princ. D. De *inofficioso testamento*) Supposons donc un légitimaire ainsi institué, s'il n'obéit pas à la condition il va perdre l'hérédité, il va cesser d'être héritier. Va-t-il pour cela cesser d'être légitimaire et perdre sa quarte, ce qui devrait forcément arriver si la légitime n'était qu'une portion de l'hérédité?

Non. La légitime ne peut être laissée sous condition. Elle doit parvenir franche et libre de toute charge à ceux à qui elle est due, car elle est une obligation vis-à-vis d'eux et on ne s'aquitte pas d'une obligation en mettant une condition à cet acquittement. « Quoniam in prioribus sanctionibus illud statuimus, ut, si quid minus legitima portione his derelictum sit, qui ex antiquis legibus de inofficioso testamento actionem movere poterant, hoc repleatur, ne occasione minoris quantitatis testamentum rescindatur; hoc in præsenti addendum esse censemus, ut si conditionibus quibusdam, vel dilatationibus, aut aliqua dispositione moram, vel modum, vel aliud gravamen introducente, eorum jura, qui ad memoratam actionem vocabantur, ipsa conditio, vel dilatio, vel alia dispositio moram vel quodcumque onus introducens, tollatur, » dit formellement la loi 32 au Code de inofficioso testamento.

N'est-ce pas la preuve évidente que la légitime et l'hérédité sont deux choses absolument distinctes et que la première ne saurait être considérée comme une portion de la seconde puisqu'elle est conservée là où l'autre est perdue et que la partie ne se conserve pas sans le tout.

Elle se conserve si bien, en dehors de l'hérédité qu'on pouvait formellement répudier celle-ci tout en gardant celle-là, et que pour être considéré comme y ayant renoncé il fallait non seulement une répudiation pure et simple de l'hérédité, mais encore une répudiation spéciale, individuelle, relative à elle seule. (Loi 35 p. I au Code de Inoff testamento), tellement que celui qui, après avoir reçu du défunt par donation entre vifs ou à cause de mort une libéralité quelconque, s'abstenait de l'hérédité, ou ne faisait point adition, suivant le cas pouvait, néanmoins parfaitement agir en complément de sa légitime si la libéralité à lui faite n'était pas suffisante à le remplir, (même loi parag. 2.) ce qui, du reste, toujours d'après les mêmes auteurs, était inévitable, étant donnée la nature de la légitime, institution de droit naturel et non de droit civil. « La légitime, dit Ménochius. (1, est de droit naturel. Elle ne peut donc être perdue par l'inobservation d'une formalité de droit civil telle que l'adition ou la non-adition, la confection ou la non-confection d'un inventaire. Elle peut donc être conservée quand cette dernière (l'hérédité) est perdue, preuve bien évidente qu'elle ne se confond pas avec elle. « Legitima debetur jure naturali. Atqui jus naturale non potest perimi a jure civili. Ergo legitima non potest auferri per non aditionem hereditatis qui actus juris civilis est; et ita sequitur quod legitima reteneri potest, repudicata hereditate.

(1) Menochius. De præsumpt, lib. 4, præsumpt. 101, n° 39 etc.

IV

SYSTÈME QUI VEUT QUE L'HÉRÉDITÉ SOIT « UNE QUOTE DE L'HÉRÉDITÉ. »

L'opinion dont nous venons de développer les différents arguments, était, nous l'avons dit, généralement admise par les anciens commentateurs, et, de nos jours, c'est encore elle qui réunit le plus grand nombre de partisans. De fait, il faut bien le reconnaître, elle invoque à son appui des arguments d'une force considérable et on comprend facilement le crédit dont elle a toujours joui. Jamais cependant elle n'a été universellement adoptée; aussi loin qu'on remonte dans l'histoire du droit romain, on lui trouve des détracteurs et on rencontre des traces de la lutte qu'elle avait à soutenir pour maintenir sa prédominance. En face de Voët, de Furgole, de Menochius, de Merlin, de Marcadé, de Toullier et des autres auteurs, que nous avons cités, se sont tour à tour dressés Ricard, (1) Vinnius, (2)

(1) Ricard. Traité de donation, IIIe partie, chap. VIII, set. V.
(2) Vinnius (Select. quast. I, 22,

Charondas,[1] Chiffilius,[2] Lebrun,[3] Boissonade,[4] qui, admettant l'opinion diamétralement opposée, sont venu soutenir que la légitime était au contraire non une quote des biens, mais une quote de l'hérédité, contrairement à ce qui était généralement admis.

L'argument fondamental de ce second système est tiré de la Novelle, 115, chap. III. Jusqu'à Justinien, dit-on, la légitime pouvait être laissée tant par une institution d'héritier que par une donation, un legs, un fideicommis. (Loi 33 au Code de Inoff. test.) A partir de cette époque, cette donation, ce legs, ce fideicommis ne suffirent plus à écarter la querelle d'inofficiosité. Il fallut formellement instituer les légitimaires en leur légitime. « *Aliud quoque capitulum præsenti lege addendum esse perspeximus. Sancimus igitur non licere penitus patri vel matri, avo, vel aviæ, proavo, vel proaviæ suum filium vel filiam, vel ceteros liberos præterire, aut exheredes in suo facere testamento, nec si perquamlibet donatio nem, vel legatum, vel fideicommissum, vel alium quemcumque modum eis dederit legibus debitam portionem: nisi forsan probabuntur ingrati, etc.* »

(1) Charondas. Pand. du droit français, livre III, chap. XII.
(2) Chiffilius. De portione legitima.
(3) Lebrun. Traité des successions, liv. II, chap. III, sect. I, n° 9, etc.
(4) Boissonade, lib. II, chap. V, sect. III, n° 282.

Comment, dès lors, soutenir que ce qu'ils prenaient ainsi dans la succession, en vertu de cette institution, ils ne le prenaient pas « jure hereditario », et en tant qu'héritiers?

Cette institution, dit-on, était purement honorifique : elle donnait ce titre, mais non qualité d'héritier. « *Introductum est ad favorem filii ut titulo institutionis et honorabili causa ei relinquatur legitima. Non ergo iste favor debet retorqueri in odium contra eum. Est ergo dicendum legitimam deberte filii titulo et jure hereditario quando agitur de favore ipsius filii, non si de incommodo* », dit le même Menochius que nous citions précédemment (1). On avouera que c'est là un singulier argument bien facile pour écarter les conséquences dangereuses d'un texte, mais bien faible aussi pour convaincre des adversaires.

Est-il tout au moins justifié ? On prétend le faire sortir de ce passage : « *Unde constat ad utriusque partis utilitatem atque cautelam præsentem legem fuisse prolatam, quam ex hoc occasione promulgandam esse perspeximus.* » Or, que ressort-il de ce passage ? Que c'est bien à la vérité dans l'intérêt des légitimaires que Justinien a imposé au testateur la nécessité de les instituer, mais nullement qu'en rendant leur institution nécessaire, il a en-

(1) Menochius, *loc cit.*

tendu les décharger des quelques conséquences désavantageuses qui pourraient résulter pour eux de ce titre d'héritier. Nulle part il ne dit que c'est là un titre purement honorifique et sans aucune conséquence juridique qu'il prétend leur donner, et, l'on n'a pas le droit de déduire ce résultat de son silence, d'autant plus que la phrase sur laquelle on s'appuie s'explique fort bien par l'énorme avantage moral que l'empereur, dans toute la Novelle, semble attacher au titre d'héritier. « *Unde constat ad utriusque partis utilitatem atque cautelam præsentem legem fuisse prolatam.* » Oui, en ce sens que désormais le fils ne pourra plus être en quelque sorte exclu de la famille, qu'il sera toujours héritier, mais voilà tout, et c'est bien suffisant pour justifier les deux fameux mots : « *utilitatem atque cautelam* », auxquels on voudrait donner une si grande portée. Il n'est pas besoin de leur chercher une plus ample signification surtout quand elle serait si étrange.

Généralement, en effet, quand un législateur déclare que telle personne devra être revêtue d'un titre déterminé, il entend qu'elle devra avoir ce titre avec tous les effets qu'il comporte, avantageux ou désavantageux. Pour décider qu'il doit en être autrement ici, il faudrait que la Novelle s'en soit formellement, expliquée, et ce n'est pas le cas.

Les légitimaires doivent donc bien être regardés

et traités comme des institués ordinaires, et par suite, ce qu'ils prennent dans la succession doit être également regardé et traité comme une part héréditaire.

Et qu'on ne vienne pas dire que le calcul de la légitime en s'opérant sur les biens laissés à sa mort par le défunt, déduction faite des dettes et des frais funéraires, montre bien que la légitime est autre chose qu'une *quote* de l'hérédité, qui, elle, comprend et les dettes et les frais funéraires. La légitime, il est vrai, ne se calcule que déduction faite des dettes et des frais funéraires, mais elle n'en doit pas moins toujours égaler le quart de la part héréditaire du légitimaire, à supposer le *de cujus* mort intestat « *quartam partem ejus, quod ad eum esset perventurum, si intestatus paterfamilias decessisset* », dit la loi 8, p. 6, D. *Inott. test.* C'est donc bien plus tôt cette part héréditaire que toute autre chose qui sert à la déterminer. C'est même uniquement cette part héréditaire, puisque c'est de cette part qu'on doit prendre le quart pour avoir la légitime, de sorte que, retournant l'argument, il faut dire au contraire que la légitime est non une quote des biens, mais une quote de l'hérédité parce que c'est de cette hérédité dont elle est le quart et qu'elle ne peut être qu'une quote de ce dont elle est le quart. Si pour la calculer on défalque les dettes et les frais funéraires, c'est qu'il ne peut y avoir de légitime à calculer que là où il y a un actif et dans la mesure de cet actif. On ne peut être tenu de laisser à ses enfants que ce qui vous appartient et ce qui doit servir à acquitter vos dettes ne vous appartient pas et, dans le langage ordinaire, n'est pas considéré comme faisant partie de votre succession. Là, comme tout à l'heure, ce n'est donc qu'en épiloguant sur les mots qu'on peut arriver à tirer un argument de ce qui ne saurait en fournir sans être pris hors de son sens habituel.

Du reste la *quarte falcidie*, dont la quarte légitime n'est qu'une imitation, ne se calcule, elle aussi, que sur l'actif net, déduction faite des dettes et l'on n'a jamais prétendu que cette quarte n'était pas attribuée à l'institué comme héritier, puisqu'il ne peut invoquer d'autre titre pour la retenir. On n'a surtout jamais prétendu qu'elle n'était pas une part de l'hérédité.

Qu'on ne dise pas d'avantage que des textes formels, en désignant la légitime, tantôt sous le nom de « *bonorum partem* », tantôt sous le nom de « *debitum bonorum subsidium* », ou de « *defuncti substantiæ partem* », voir même de « *æse alienum* » indiquent clairement la nature qu'elle avait dans le droit romain. D'autres textes, non moins formels, la désignent en effet sous le nom de « *pars heredi tatis* », de sorte qu'ici encore, retournant l'argument, on est fondé à dire : ce n'est pas « *pars bono-*

rum, mais « *pars hereditatis* » qu'il faut appeler la légitime à ne s'en tenir qu'aux textes du Digeste ou du Code.

« Sin vero quantacumque *pars hereditatis* vel res ei fuerit relicta, de inofficioso querela quiescente, id quod eis de est usque ad quartam legitimæ partis repleatur », dit le parag. 3 des Inst., lib. 2, tit. 18. De inoff. test.

Parlant de la légitime due au patron, la loi 27 p. 13 au D. *ad Sen. cons. Treb.*, l'appelle en propres termes « *partem hereditatis* ».

La loi 7, p. 1 D. lib. 38, tit. 36, parlant des raisons qui veulent que les parents ne soient pas privés de la fortune de leurs enfants, ni les enfants de celle de leurs parents, s'exprime ainsi : « Non sic parentibus liberorum, ut liberis parentium, debetur *hereditas*; parentes ad bona liberorum, ratio miserationis admittit, liberos natura simul et parentium commune votum. » La pensée du législateur ici est évidente. Les biens dus par les enfants aux parents ne sont pas les biens ordinaires, opposés à la masse héréditaire, les biens qui sont le gage des créanciers, ce sont au contraire les biens qui forment l'hérédité « *hereditas,* » et, comme c'est le quart de ces biens qui forment la légitime, c'est par suite le quart de l'hérédité et non pas le quart des biens en prenant cette expression dans le sens juridique dont se compose cette légitime. En réunissant dans ce texte les mots *bona* et le mot *hereditas* et en les employant l'un et l'autre pour désigner la même chose, le législateur a montré qu'il n'entendait nullement mettre ces deux expressions en opposition l'une avec l'autre; que, pour lui, au contraire, en cette matière, elles étaient synoymes et qu'on ne devait pas voir dans l'emploi exclusif du mot *bona* dans certains textes la preuve qu'il avait voulu faire de notre institution autre chose qu'une part réservée de l'hérédité, ainsi que le voulait la nature des choses.

Du reste, si la légitime n'était qu'une créance du légitimaire sur la succession, ce dernier devrait être payé en concurrence et par contribution avec tous les autres créanciers de cette succession. Or, il n'en est rien. Tout au contraire, il n'a de droit sur les biens du défunt qu'une fois tous les créanciers payés : preuve bien évidente que son droit est différent de celui de ces créanciers et qu'on ne saurait l'y assimiler.

Enfin, pour ne pas rester en arrière de leurs adversaires, les partisans du système qui nous occupe actuellement étayent encore leur opinion d'autres considérations et cherchent notamment à prouver à leur encontre que la légitime ne saurait être conservée là où la qualité d'héritier est perdue.

La loi 27, au Dig. *Ad. Senat. Cons. Trebellianum* parag. 12, prévoit, disent-ils, un légitimaire institué dans sa légitime mais avec mission de restituer l'hérédité à un autre et elle décide, qu'en vertu du sénatus-consulte Trébellien, ce légitimaire, un patron dans l'espèce, sera tenu de faire adition pour restituer ensuite l'hérédité à laquelle il est appelé. « *Si patronus ex parte debita heres institutus, et rogatus restituere hereditatem, suspectam sibi esse dicat : puto rectius facturum prætorem, si cœgerit eum adire hereditatem et restituere; quamvis possit, mutata voluntate, eam partem hereditatis retinere.* » Or, il n'y a que des personnes appelées comme héritières qui puissent être obligées à faire une pareille adition, le sénatus-consulte Trébellien n'a été porté que contre elles, et jamais un légataire, jamais un donataire particulier n'a été dans le cas d'accepter malgré lui une libéralité quelconque. « *Ut Trebelliano locus esset, non sufficit de hereditate rogatum esse; sed quasi heredem rogari oportet* », dit formellement la loi 22 p. 5 au Digeste, *Ad Sen. consult. Trebellianum*. Si donc un légitimaire peut être forcé de faire adition au cas où il doit restituer plus tard l'hérédité à un autre, c'est évidemment qu'il vient à sa légitime en qualité d'héritier et pas à un autre titre.

La loi 26 *de lege Cornelia de Falsi* implique la même solution. Au cas ou un fils qui a détruit le testament de son père, s'est conduit, à la mort de ce dernier, comme étant héritier *ab intestat*, elle décide que ce fils doit être justement privé de toute l'hérédité paternelle : « *justissime tota hereditas paterna heredi ejus eripietur.* » Or, dans le silence de cette loi sur la légitime, les mots « *tota hereditas* » semblent trop précis pour ne pas comprendre aussi la légitime qui fait partie de la totalité de l'hérédité, puisque l'hérédité comprend tout ce que laisse le défunt. La loi 21 au Dig. *de his quæ ut indig. auf.* le décide du reste formellement pour le patron qui lui aussi a une espèce de légitime à prétendre sur les biens de son affranchi, lorsqu'il a négligé de venger la mort de cet affranchi : Si donc le fils destructeur du testament paternel et le patron ingrat envers la mémoire de son affranchi, en perdant l'hérédité perdent en même temps la légitime, c'est que cette légitime est bien une partie de cette hérédité; autrement la perte de l'une ne saurait entraîner la perte de l'autre.

V

CONCLUSION

Nous venons d'exposer les deux systèmes qui, dans l'histoire de la question que nous étudions se sont partagés les commentateurs, et nous nous sommes efforcés de rapporter, aussi fidèlement que possible, les arguments produits en faveur de l'un et l'autre. Reste maintenant à savoir auquel des deux il convient de se ranger, ou même, si, les rejetant l'un et l'autre, il ne faut point adopter un troisième parti, ainsi que l'ont pensé certains ancien commentateurs et quelques auteurs contemporains. (1)

On doit d'abord, à notre avis, écarter de la discussion tous les arguments tirés des textes qui appellent la légitime soit une « portion des biens. » soit une « portion de l'hérédité » ou quelque chose d'analogue.

Ces textes, par la diversité même de leur phraséologie, montrent bien, selon nous, que les jurisconsultes romains n'ont point attaché un sens

(1) Vinnius. *Select. J. quæst.* l. 22; — Ragon. *Théorie de la Retention et de l'imputation des dons faits à des successibles*, t. 1. parag. 48.

technique aux expressions qu'ils y employaient. On aurait tort par conséquent de trop s'arrêter à eux pour résoudre, dans un sens ou dans l'autre, le problème qui nous occupe, et de vouloir accorder à des mots, amenés là par les hasards de la rédaction, une importance et une précision que rien n'autorise à leur donner et que, certainement, leurs rédacteurs n'ont jamais songé à leur prêter.

Mais si, néanmoins, on veut retenir ces textes aux débats, comme on ne peut retenir les uns sans retenir les autres, ils sont beaucoup trop formels pour cela, et comme on ne peut les concilier, il faudrait alors effacer les mots, la seule conclusion à en tirer est que, pour les jurisconsultes romains, la légitime n'était pas exclusivement soit une quote des biens, soit une quote de l'hérédité, mais était tantôt l'une et tantôt l'autre, suivant les cas; en un mot que sa nature était diverse comme les appellations qui lui sont données, ou plutôt qu'elle avait une nature propre qui en faisait quelque chose de distinct à la fois et d'une créance ordinaire et de l'hérédité.

N'est-ce pas, du reste la solution qui s'impose à l'esprit, quand on compare les deux systèmes.

D'une part, en effet, il faut bien convenir avec le premier que celui auquel sa légitime a été laissée au moyen d'un legs, d'une donation ou d'un fideicommis, ne peut être considéré que comme un légataire, un donataire, un fideicommaire et non comme un héritier et que, par suite, sa part dans la succession ne saurait être regardée comme une part héréditaire. Il faut également lui concéder qu'il est certain cas où la légitime est conservée, alors même que la qualité d'héritier est perdue ou même n'a jamais existé, ce qui, évidemment, implique qu'on ne saurait toujours voir en elle qu'une partie réservée de cette hérédité.

Mais, d'autre part, il faut également décider avec le second que lorsque le légitimaire a été institué, le quart qu'il reçoit ainsi comme héritier est une portion de l'hérédité. « *Fieri enim non potest quin ea pars quam tanquam heres, jure hereditario habeo et titulo institutionis sit pars hereditaria,* » comme le dit fort bien l'ancien commentateur Vinnius (1). Toutes les objections élevées là contre, ne sont que de pures sublilités que ce même Vinnius a, et avec raison, traité impitoyablement. Peut-on, en effet, sérieusement soutenir avec Menocchius par exemple, qu'en donnant la qualité d'héritier aux légitimaires, on ne leur donnait pour ainsi dire qu'un titre nu et sans aucune conséquence juridique?

Cette solution du reste est-elle contraire à l'esprit et à l'histoire du droit romain? On sait comment la légitime s'est introduite dans la législation et comment,

(1) Vinnius. *Select. J. quæd,* I. 22.

petit-à-petit, elle y a été reglementée. Ce n'est pas une institution introduite toute d'une pièce à une époque donnée dans l'ensemble de la loi par un législateur ayant en vue tout un système préconçu, toute une théorie faite d'avance sur un principe arrêté et qu'il suffirait de connaître pour en déduire les conséquences avec certitude même en l'absence de tout texte.

Elle est l'œuvre de la législation coutumière, de la jurisprudence, qui, frappée des abus de la liberté laissée au testateur de disposer en maître absolu de ses biens, a voulu réagir contre ces abus et les a condamnés chaque fois qu'ils se sont présentés, mais les a condamnés sans chercher à faire cadrer ses condamnations avec un système ou avec un autre. L'ensemble de ces décisions a formé la législation de la légitime. Quoi d'étonnant dès lors que cette législation ne présente pas l'unité qu'on voudrait mettre en elle?

La légitime devait-elle être une quote des biens, une sorte de créance des légitimaires sur la succession du *de cujus*? Ne devait-elle être au contraire qu'une partie réservée de l'hérédité ? Le législateur romain, nous l'avons dit, ne s'est pas préoccupé de cette question. Il a voulu assurer aux enfants et aux parents une partie de la fortune paternelle ou filiale. Il l'a fait, mais il l'a fait par des décisions d'espèces, sans chercher jamais à coordonner ces décisions dans un système arrêté et débattu à l'avance. et c'est ce qui explique la diversité, la contrariété apparente, si l'on veut, des textes qui régissent la matière.

Les jurisconsultes romains n'ont pas d'avantage agité la question. Ces hommes encore plus pratiques que théoriques ont vu dans la légitime une institution rendue nécessaire par les faiblesses de l'humanité et les trop fréquents égarements des hommes. Ils ont pu chercher à améliorer, à corriger cette institution; mais ils ne se sont pas préoccupés de lui donner une cause. Les nécessités de la vie de chaque jour la causant suffisamment à leurs yeux.

Ce sont les commentateurs du moyen-âge qui, les premiers, ont employé leurs loisirs à ces recherches subtiles, à ces discussions d'école qui répondaient à la tournure de leur esprit et plaisaient à leur éducation scolastique, et ils ont voulu trouver dans le droit romain ce que le législateur romain n'avait jamais songé à y mettre.

Ne les suivons pas dans cette voie et, pour déterminer la nature de la légitime dans le droit romain, arrêtons-nous aux textes que le Digeste et le Code contiennent sur cette matière ; mais ne cherchons pas à lire entre les lignes de ces textes et surtout ne nous ingénions pas à y ajouter ou en retrancher quoi que ce soit. Il nous montrent une légitime qui peut-être laissée soit par une institution d'héritier, soit en dehors de toute institution par un legs, un fideicommis « *sive in hereditate, sive in legato, vel fideicommisso* » comme dit formellement la loi 33 au Code *de inofficio testam., sive jure hereditario, sive jure legati vel fideicommissi, vel si mortis causa quarta donata fuerit, vel inter vivos,* comme disent non moins formellement les Institutes (1). Pourquoi dès lors ne pas vouloir accepter cette dualité dans le mode de lotissement des légitimaires avec toutes les conséquences qu'elle comporte ? Pourquoi vouloir donner une nature honnête à cette institution aux prescriptions de laquelle on peut satisfaire par deux moyens différents et dont par conséquent le caractère doit être différent également suivant qu'on a fait choix de l'un ou de l'autre : Pourquoi le vouloir surtout quand, avec cette unité, quelle que soit celle qu'on adopte, il faut forcément se mettre en contradiction avec des textes formels, tandis que, en la rejetant, ils se concilient et toute antinomie disparaît entre eux.

M. Ragon termine ainsi quelques pages consacrées à l'examen de la question qui nous occupe : « Le droit romain n'eut point de principe exclusif sur les qualités dans lesquelles se demande ou se retient la portion légitime ou réservée, et il n'a pas

(1) Inst. lib. II. tit. XVII, p. 6.

dit catégoriquement si elle est une quote des biens ou une quote de l'hérédité.

Elle peut être l'une et l'autre ; elle peut se recueillir à titre d'héritier, de légataire, de fidei-commisaire de donataire. L'action en supplément, lorsqu'elle avait lieu, participait en quelque sorte de la nature du titre qu'elle venait compléter.

Un ancien interprète, Vinnius, en fait la « Respondeo supplementum illud adjectionem esse et accessoriom totius ideoque principalis naturam sequi. » En sorte qu'on peut conclure avec lui que la question ne comporte pas de solution simple et absolue d'après le droit romain. « Non ad hanc quæstionem simpliciter aut affirmando aut negando respondi potest. » Cette conclusion est également la nôtre.

Une fois de plus, l'aphorisme de Kant « tout système est vrai parce qu'il affirme, faux parce qu'il nie », se trouve justifié.

DROIT FRANÇAIS

DU

MODE D'ÉTABLISSEMENT & DE LA NATURE DES FONDATIONS

INTRODUCTION

I

Fonder est affecter une somme déterminée à la création et à l'entretien d'un établissement ou d'une institution quelconque. Le but de cet établissement ou de cette institution importe peu. Il peut être charitable, religieux, patriotique, littéraire ou scientifique, au gré du disposant.

D'une manière générale, on peut donc dire qu'une fondation est un patrimoine constitué et administré en vue d'un usage perpétuel.

La personne morale peut être définie : un être

idéal, sans existence matérielle, ayant la capacité d'acquérir et la faculté d'avoir un représentan dans l'exercice acif ou passif de ses droits.

Du rapprochement de ces deux définitions, il résulte que la fondation offre l'image de l'être de raison par excellence, de la personne morale type, à l'existence de laquelle aucune personnalité humaine ne se trouve adjointe, à la différence de ce qui arrive poue les corporations ou les sociétés.

Tandis que ces dernières empruntent plus ou moins à la vie des personnes qui les composent, la fondation se suffit à elle seule. Elle n'est ni la fusion des droits et des obligation d'une certaine catégorie de personnes, ni la réunion de divers capitaux, ayant chacun leur propriétaire, pour la réalisation d'un but commun. Elle est une idée servie par un patrimoine, rien de plus.

Il suit de là que le meilleur moyen d'établir une fondation, le plus simple et le plus logique, serait de faire de l'idée même, objet de cette fondation, le sujet de sa libéralité et d'attribuer à cette idée la propriété du capital qu'on veut consacrer à sa mise en œuvre et à son développement. Ce capital, pourvu d'une administration propre, formerait ainsi une petite entité juridique spéciale, ayant en elle-même le sujet de son existence et demeurant absolument indépendante de toute oùtre personnalité. Elle ne vivrait que par et pour le but en vue duquel elle aurait été constituée et répondrait ainsi parfaitement à l'idée que nous venons de donner de la fondation.

Mais la possibilité de faire ainsi d'une idée le sujet d'un droit en dehors de toute personnalité humaine, quelquefois même de tout intérêt humain, n'est pas admise par tout le monde.

En outre, permettre à tout particulier d'individualiser une partie de sa fortune au profit d'une idée et de donner ainsi la vie à une foule de petits capitaux serait autoriser la multiplication, pour ainsi dire indéfinie, des personnes morales et toutes les législations ont cherché, au contraire, à en restreindre autant que possible le nombre.

Aussi, très souvent contesté ou même méconnu, en tout cas constamment entravé, ce mode de fonder n'a jamais été adopté d'une façon régulière. Au lieu de nous apparaître habituellement comme des entités juridiques spéciales, les fondations revêtent généralement une autre forme et, le plus souvent, elles se présentent comme des dons ou des legs à charge faits à des personnes morales ; Etat, Commune, Etablissements publics, Associations ou Congrégations, chargées de faire participer à leur longévité et les biens à elles confiés et la charge qui grève ces mêmes biens.

C'est ainsi, pour prendre des exemples d'hier, que le duc d'Aumale, voulant fonder le Musée

Condé, a légué Chantilly à l'Académie française, à charge par elle de maintenir la vieille demeure en l'état où elle serait à la mort du duc.

C'est ainsi encore que madame Boucicaut, voulant fonder une maison de repos et de convalescence pour les employés de la Maison du Bon-Marché, a légué un million à la société civile, propriétaire de cette maison, à charge par elle de subvenir aux dépenses de cet établissement ; que, voulant établir trois maisons de refuge aux environs de Lille, de Rouen et de Chalon-sur-Saône, un hospice de vieillards à Bellême, un autre hospice à Paris, elle a légué à qui de droit les sommes par elle consacrées à ces différentes fondations. Mais elle n'a pas songé à faire de chacune d'elles des êtres de raison à part, ayant une administration propre et formant une personnalité distincte.

C'est ainsi, enfin, que sont fondés tous les prix, toutes les bourses, toutes les institutions scientifiques, littéraires ou religieuses auxquels, chaque jour, de nombreux testateurs consacrent une partie de leur fortune pour faire passer leur nom à la postérité avec le titre de fondateur, quelquefois même uniquement pour déshériter leurs familles.

On cite au contraire les établissements directement érigés en personne morale comme l'orphelinat Hériot ou l'Institut Pasteur.

Mais, de tous temps, la capacité d'acquérir des personnes morales, à titre gratuit surtout, a été fort restreinte et très sévèrement réglementée.

Les gouvernements ont toujours redouté l'enrichissement continuel de « ces *communautés*, corps ou établissements publics dont l'existence se perpétue par la subrogation toujours successive des personnes qui les composent et les administrent. » Ils ont cherché, par tous les moyens en leur pouvoir, à l'entourer de difficultés, en tous cas à le soumettre à la plus minutieuse surveillance.

Il en résulte que les fondateurs, désireux de faire quelque chose de durable et de juridiquement établi, ont toujours dû peser avec le plus grand soin les termes de leurs dispositions, attentivement examiner si celles-ci ne contenaient rien de contraire à la loi, observer enfin une foule de formalités sans jamais, pour cela, être absolument certains de ne s'être point trompés.

Rechercher les moyens de fonder que la législation française met à la disposition de ceux qu'elle régit; étudier les conséquences qui résultent pour les fondations du mode même de leur établissement; comparer le régime qui leur est imposé chez nous avec celui auquel elles sont assujetties à l'é-

(1) Merlin, v° *Mainmorte*.

tranger, examiner enfin s'il n'y aurait pas lieu d'amender sous ce rapport notre législation actuelle : tel est le but que nous nous proposons.

Mais, auparavant, nous jetterons un coup d'œil, sur la législation dernière de l'ancienne France en cette matière. Les fondations autrefois étaient, peut-être, plus nombreuses encore qu'aujourd'hui où presque chaque jour cependant il s'en produit de nouvelles. Leur nombre toujours grandissant avait attiré sur elles l'attention du législateur et, lorsque la Révolution éclata, elles étaient régies par une législation complète, établie par une longue suite d'ordonnances admirablement résumées, complétées et, pour ainsi dire, codifiées par d'Aguesseau dans le *Grand Edit de 1749 sur les Gens de Main-morte*, un de ses plus beaux titres de gloire, dont la plupart des prescriptions sont encore en vigueur.

L'étude de ce monument législatif s'impose donc à nous comme le préliminaire nécessaire du travail que nous entreprenons.

II

LÉGISLATION DE L'ÉDIT DE 1749 SUR LES FONDATIONS

L'édit de 1749 divise les fondations en deux grandes classes : celles qui tendent à la création d'un établissement nouveau et celles qui, n'ayant pour objet que d'assurer un service dans une maison déjà existante, se présentent sous la forme de dons ou de legs à charge, faits à cette maison.

I. Pour les premières, l'édit déclare formellement qu'elles ne peuvent être établies qu'avec la permission expresse du Souverain et après enquête sur leur objet, leur utilité, la nature, la valeur, la qualité des biens destinés à les doter.

« Art. 1er — Renouvelant en tant que besoin les défenses portées par les Ordonnances des Rois, nos prédécesseurs, voulons qu'il ne puisse être fait aucun nouvel établissement de chapitres, collèges, séminaires, maisons ou communautés religieuses, même sous prétexte d'hospices, congrégations, confréries, hôpitaux ou autres corps et communautés soit ecclésiastiques, séculières ou régulières, soit laïques de quelque qualité qu'elles soient, ni pareillement aucune nouvelle érection de chapelles ou autres titres de bénéfice dans toute l'étendue de notre royaume, terres et pays de notre obéissance, si ce n'est en vertu de notre permission expresse portée par nos lettres patentes, enregistrées en nos parlements ou conseils supérieurs, chacune dans son ressort, en la forme qui sera prescrite ci-après.

« Art. 5.—Déclarons que nous n'accorderons aucunes lettres patentes pour permettre un nouvel établissement qu'après nous être fait informer exactement de l'objet et de l'utilité dudit établissement, nature, valeur et qualité de biens destinés à le doter, par ceux qui peuvent en avoir connaissance, notamment par les archevêques ou évêques diocésains, par les juges royaux, par les officiers municipaux ou syndics des communautés, par les administrateurs des hôpitaux, par les Supérieurs des communautés déjà établies dans les lieux où l'on se propose d'en fonder une nouvelle, pour, sur le compte qui nous en sera par eux rendu, chacun en ce qui peut le concerner, suivant les différentes natures des établissements, y être pourvu ainsi qu'il appartiendra. »

C'est la proclamation, ou plutôt une nouvelle consécration du grand principe de droit public qui régit encore la plupart des législations actuelles et qu'à cette époque, Domat formulait en ces termes :

« Comme il est de l'ordre et de la police d'un état que, non seulement les crimes, mais tout ce qui peut troubler la tranquillité publique ou la mettre en péril y soit réprimé, et que, par cette raison, toutes assemblées de plusieurs personnes en un corps y soient illicites à cause du danger de celles qui pourraient avoir pour fin quelque entreprise contre le public, celles même qui n'ont pour fin que de justes causes, ne peuvent se former sans une expresse approbation du souverain sur la connaissance de l'utilité qui peut s'y trouver. Ce qui rend nécessaire l'usage des permissions d'établir des corps et communautés ecclésiastiques ou laïques, réguliers, séculiers, et de toute autre sorte, chapitres, université, collèges, monastères, hôpitaux, corps de métier, confréries, maisons de ville ou d'autres lieux, et de toutes autres qui rassemblent diverses personnes pour quelque usage que ce puisse être. Et il n'y a que le souverain qui puisse donner ces permissions, et approuver les corps ou communautés, à qui le droit de s'assembler puisse être accordé. » (1)

Formulé pour la première fois par la législation

(1) Domat, *Droit public*, liv. I titre II, sect. II, p. XIV.

romaine de l'époque classique (1), ce principe avait commencé à s'affaiblir sous les empereurs chrétiens par les concessions de toutes sortes faites en faveur des libéralités adressées à l'église (1). Il avait même fini par complètement disparaître au moyen âge. Mais dès que la royauté française avait repris un peu de puissance, elle l'avait relevé et affirmé à nouveau (3). Toutefois il était resté bien souvent lettre morte, tant à cause de la résistance qu'il avait rencontrée dans certains Parlements qu'à cause des mille manières dont la pratique avait su le tourner (4). De là le texte si formel de l'Edit qui, du

(1) Loi I D. De collégiis et corporibus. Loi 3, p. 1. Eodem titulo. Loi I, princ. D. Quod cujuscumque univers.

(2) Loi 1. C. De Sacrosanctis eccleis. Loi 14. C. De épiscopio et clericis. Loi 26. c. De sacros. eccles.

(3) Résumant et complétant une législation contenue déjà dans les Edits de novembre 1629, 27 juin 1659, décembre de la même année. L'édit de 1666 portait : Nous voulons et nous plait qu'à l'avenir, il ne pourra être fait aucun établissement de colléges et monastères, communautés, religieuses ou séculières, même sous prétexte d'hospices, en aucunes villes ou lieux de notre royaume, terres et seigneuries de notre obéissance sans permission expresse de nous par lettres-patentes bien et dûment enregistrées dans nos Cours et Parlements. Afin que nos lettres-patentes soient accordées en connaissance de cause, nous voulons que l'approbation de l'archevêque ou évêque diocésain, ensemble le procès-verbal des juges du lieu contenant les avis des maires, échevins, consuls, jurats, soient attachées suos le contre-scel de nos lettres-patentes.

Les déclarations ou lettres-patentes de juin 1671, juillet 1738 et juin 1739 étaient conçues dans le même esprit et presque dans les mêmes termes. Sallé. *Esprit des Ordonnances*, t. III, p. 686.

(4) Lettre de d'Aguesseau du 4 février 1750. Œuvres complètes, 9, p. 550.

reste, ne se contenta pas de rappeler la législation postérieure, mais qui l'étendit encore considérablement.

Jusque-là une disposition faite, soit entre vifs, soit à cause de mort, pour former un nouvel établissement, avait toujours été regardée comme très bonne et très valable, pourvu qu'elle ait été faite avec la permission du souverain ou sous la condition de l'obtention de cette permission et de ses lettres-patentes. Désormais, aux termes de l'article II de l'ordonnance, défense est faite « de faire à l'avenir aucune disposition par acte de dernière volonté, pour fonder un nouvel établissement de la qualité de ceux mentionnés dans l'article précédent, ou au profit de personnes qui seraient chargées de former ledit établissement; le tout à peine de nullité, même quand la disposition serait faite à la charge d'obtenir « des » Lettres-Patentes.

Ainsi donc, non seulement, la législation postérieure est remise en vigueur avec plus d'énergie que jamais; mais, encore, elle est singulièrement rétrécie puisque les dispositions, à cause de mort sont prohibées d'une manière générale en faveur de tout nouvel établissement, et que, seules, les dispositions entre vifs, toujours plus pénibles au disposant dont elles entraînent le désaisissement immédiat, demeurent permises aux fondateurs.

Il fallait assurer l'observation de ces rigoureuses

prescriptions. L'édit y a pourvu dans les articles IX, X, XI, XII. Sont déclarées nulles toutes les dispositions faites au mépris de l'ordonnance, et les enfants ou héritiers présomptifs du disposant sont autorisés à en réclamer le montant en leur propre nom du vivant comme après la mort de leur auteur.

Comme il pouvait arriver que, soit par négligence, soit par des considérations particulières, les enfants ou héritiers présomptifs n'exerçassent point la réclamation à eux déférée par la loi, les seigneurs, ayant le domaine et la propriété directe de tous les biens qui relevaient d'eux en fief ou en roture, étaient admis à demander en leur lieu et place l'envoi en possession.

Enfin, à défaut de tous autres, le procureur général était chargé de requérir la vente des biens au plus offrant et dernier enchérisseur, pour le prix en être confisqué au profit du roi et, par lui, appliqué à quelques œuvres pies, ou ouvrages publics (1).

II. L'établissement des Fondations qui, ne tendant à la création d'aucune nouvelle personnalité juridique, ne se présentaient que sous la forme de libéralités faites à des maisons déjà existantes, était plus favorisé. Il n'exigeait pas l'obtention de Lettres-

(1) Ordonnance de 1749, art. 9, 10, 11 et 12.

Patentes ; il suffisait qu'il fût autorisé par les Cours souveraines du ressort, sur les conclusions ou à la réquisition du ministère public. De plus, il pouvait être fait tant par actes entre-vifs que par dispositions de dernière volonté.

Art. III. « N'entendons comprendre dans les deux articles précédents les fondations particulières qui ne tendraient à l'établissement d'aucuns nouveaux corps, collége ou communauté, ou à l'érection d'un nouveau titre de bénéfices, et qui n'auraient pour objet que la célébration des Messes ou Obits, la subsistance d'Étudiants pauvres ou de pauvres Ecclésiastiques ou Séculiers, des Mariages des pauvres filles, Ecoles de Charité, soulagement des Prisonniers ou Incendiés, ou autres œuvres pieuses de même nature, et également utiles au public ; à l'égard desquelles fondations il ne sera point nécessaire d'obtenir nos Lettres-Patentes, et il suffira de faire homologuer les actes ou dispositions qui les contiendront, en nos Parlements et Conseils supérieurs, chacun dans son ressort, sur les conclusions ou réquisitions de nos Procureurs généraux ; voulons qu'il soit en même temps pourvu par nos dits Parlements ou Conseils supérieurs à l'administration des biens destinés à l'exécution desdites fondations et aux comptes qui en seront rendus. »

Nonobstant cet article, la faveur dont jouissait ce genre de fondation était cependant plus apparente que réelle.

L'article XIV portait en effet: « Faisons défense à tous gens de mainmorte d'acquérir, recevoir, ni posséder à l'avenir aucuns fonds de terre, maisons, droits réels, rentes foncières ou non rachetables, même des rentes constituées sur des particuliers, si ce n'est après avoir obtenu nos Lettres-Patentes pour parvenir à la dite acquisition et pour l'amortissement des dits biens, et après que les dites lettres, s'il nous plait de les accorder, auront été en registrées en nos dites Cours de Parlement, ou Conseils supérieurs, en la forme qui sera ci-après prescrite. »

L'article XVII étendait à tous ces biens les prescriptions de l'article II : On ne pouvait les comprendre dans une disposition de dernière volonté en faveur de gens de mainmorte, même faite à la charge d'obtenir des Lettres-Patentes ; on ne pouvait les confier à un tiers chargé de les vendre ou de les régir pour en remettre le prix ou les revenus aux incapables.

Que restait-il donc pour les fondations mentionnées en l'article III? « Les rentes constituées sur le Roi, le Clergé, les Diocèses, Pays d'Etats, Villes ou Communautés », voilà tout. Si on voulait affecter à leur dotation tout autre bien, il fallait remplir les formalités des articles 1 et 3; de plus, renoncer à les doter par testament. — L'article XIX le dit en termes formels.

Art. XIX.— « Voulons qu'à l'avenir il ne puisse être donné ni acquis pour l'exécution des fondations mentionnées dans l'article 3 que des rentes de la qualité marquée par l'article précédent (rentes constituées sur le Roi, le Clergé, les Diocèses, Pays d'Etats ou Communautés), lorsque les dites fondations seront faites par des dispositions de dernière volonté ; et, si elles sont faites par des actes entre vifs, il ne pourra être donné ou acquis, pour l'exécution des dites fondations, aucuns des biens énoncés dans l'article 14, qu'après avoir obtenu nos Lettres-Patentes, et les avoir fait enregistrer ainsi qu'il est porté par le dit article ; le tout à peine de nullité. »

Cette législation avait le grand mérite de la clarté et de la précision. De plus, elle répondait parfaitement aux besoins de l'époque pour laquelle elle fut édictée. Fonder, alors, n'était pas seulement créer des biens de mainmorte, et mettre ainsi hors du commerce une certaine quantité de capitaux à la circulation desquels la richesse nationale pouvait être intéressée. Les fondations, à cette époque, ayant presque toujours encore un caractère religieux, leur nombre, en s'augmentant, augmentait le nombre des biens d'Eglise et, par suite, le nombre des biens privilégiés et les charges des biens demeurés libres. « Le second et tiers état étant de plus foulés, si l'église qui est exempte et ne meurt point, acquérait et retenait beaucoup d'héritages », comme le dit fort bien Guy-Coquille (1).

Dans ces conditions la sévérité de l'édit de 1749 et les limites étroites dans lesquels il enfermait les fondateurs s'expliquaient et se justifiaient.

Mais de nos jours, où les gens de mainmorte ne jouissent plus d'aucun privilège et sont, à la mort près, assimilés en toutes choses aux personnes réelles, cette sévérité et cette étroite limite dans le droit de fonder ne se comprennent plus. Elles se comprendront bien moins encore quand des réformes, impatiemment attendues, en frappant d'une taxe spéciale les êtres de raison, auront compensé le seul avantage qu'ils ont encore sur les êtres réels, celui d'échapper aux droits de mutation à cause de mort.

Cependant le régime des fondations, pour n'être plus réglé par les mêmes textes, n'en est pas moins resté à peu près le même. Il a de plus perdu la netteté et la clarté que d'Aguesseau avait su lui donner. En un mot, loin de s'améliorer, il n'a fait qu'empirer. Nous allons le voir par la suite.

---

(1) Guy-Coquille, *Sur la cout. du Nivernais*, chap. V, p. 8.

II

SILENCE DU LÉGISLATEUR RÉVOLUTIONNAIRE, ET DU CODE CIVIL SUR CE SUJET

Sous la Révolution, le législateur s'occupa des fondations anciennes pour les supprimer et réunir au domaine public ou faire vendre au profit du Trésor les biens composant leurs dotations (1).

(1) Relativement aux fondations pieuses, la loi du 12 juillet 1790, qui supprime tous les bénéfices (dont les biens avaient déjà été mis par celle du 2 novembre 1789, à la disposition de la Nation), déclare, titre I, art. 23, que dans cette suppression sont compris « tous titres et Fondations de pleine collation laïcale, excepté les chapelles actuellement desservies dans l'enceinte des maisons particulières par un chapelain ou desservant, à la seule disposition du propriétaire ».

L'article 24 du même titre veut que « le contenu aux articles précédents ait lieu, nonobstant toutes clauses, même de reversion, apposées dans les actes de Fondation. »

L'article 25 ajoute : « Les fondations de messes et autres services acquittés présentement dans les églises paroissiales par les curés et par les prêtres qui y sont attachés, sans être pourvus de leurs places en titre perpétuel de bénéfices, continueront provisoirement à être acquittés et payés comme par le passé ; sans néanmoins que, dans les églises où il est établi des sociétés de prêtres non pourvus en titres perpétuels de bénéfice et connus sous les divers noms de filleuls, aggrégés, familiers, communalistes, mi-partistes, chapelains ou autres, ceux d'entre eux, qui viendront à mourir ou à se retirer, puissent être remplacés. »

L'article 26 porte que les « fondations faites pour subvenir à l'éducation des parents des fondateurs, continueront d'être exécutées con-

Du 12 juillet 1790 au 13 brumaire an II, huit lois successives ont été rendues à cette fin aux dates suivantes : 12 juillet 1790 ; 10 février 1791 ; 26 sep-

---

formément aux dispositions écrites dans les titres et Fondations ; et qu'à l'égard des autres fondations pieuses les parties intéressées présenteront leurs mémoires aux assemblées de département pour, sur leur avis et celui de l'évêque diocésain, être statué par le Corps législatif sur leur conservation ou leur remplacement.

La loi du 10 février 1791 a permis en ces termes la vente des immeubles réels qui étaient affectés à l'acquit des Fondations des services religieux.

« Art. 1er. Les immeubles réels affectés à l'acquit des fondations de messes et autres services établis dans les églises paroissiales et succursales seront vendus, dès à présent, dans la même forme et aux mêmes conditions que les biens nationaux.

« Art. 2. Pour tenir lieu aux curés et aux prêtres attachés aux dites églises, sans avoir été pourvus de leurs places à titre perpétuel de bénéfice et qui administraient lesdits biens, de la jouissance qui leur en avait été laissée provisoirement pour l'acquit des dites Fondations, il leur sera payé, jusqu'à ce qu'il en soit autrement ordonné, sur le trésor public, par les receveurs de district, l'intérêt à quatre pour cent sans retenue du produit net de la vente desdits biens.

« Art. 3. Quant auxdites églises où lesdits biens étaient administrés par les fabriques, il sera provisoirement payé auxdites fabriques sur le Trésor public, par le receveur du district, l'intérêt à quatre pour cent, sans retenue, du produit net de la vente, à la charge de l'employer comme l'eût été le revenu desdits biens, savoir aux dépenses du culte et à l'acquit des fondations.

« Art. 4. Toutes ventes d'immeubles réels desdites fondations, faites jusqu'à présent dans les formes prescrites pour la vente des biens nationaux, sont validées par le présent décret à charge de l'intérêt à quatre pour cent, payable sur le trésor public, ainsi qu'il a été dit ci-dessus. »

Cette loi n'avait pour objet que les fondations qui devaient s'acquitter dans les églises paroissiales et succursales. Celle du 26 septembre-16 octobre suivant s'est occupée de celles qui avaient été faites en faveur des corporations supprimées.

« Art. 1er. Les biens dépendant des Fondations faites en faveur d'ordres de corps et de corporations qui n'existent plus dans la constitution française, soit que lesdites Fondations eussent pour objet lesdits ordres,

tembre 1791 ; 13 brumaire an II pour les Fondations pieuses ; 23 octobre-5 novembre 1790 ; 19 mars 1793 ; 1er mai 1793 ; 23 messidor an II pour les Fondations

---

corps ou corporations en commun ou les individus qui pourraient en faire partie, considérés comme membres desdits ordres, corps ou corporations, font partie des biens nationaux et sont, comme tels, à la disposition de la nation.

« Art. 2. Les biens dépendant des dites fondations seront, en conséquence, administrés et vendus comme les autres biens nationaux, nonobstant toutes clauses, même de reversion, qui seraient portées aux actes de fondations.

« Art. 3. L'assemblée réserve à la législature d'établir les règles d'après lesquelles il sera statué sur les demandes particulières qui pourraient être formées en conséquence des clauses écrites dans les actes de Fondaation.

« Art. 4. Et néanmoins, les individus qui jouiraient de quelques parties desdites fondations uniquement à titre de secours, pour subvenir à leurs besoins, continueront d'en jouir personnellement aux termes desdites fondations. Les fondations faites dans les paroisses seront au surplus exécutées en conformité des précédents décrets.

« La disposition du premier de ces articles a été étendue par la loi du 13 brumaire an II aux fondations qui avaient maintenu les lois des 12 juillet 1790 et 10 février 1791.

« Tout l'actif affecté à quelque titre que ce soit, aux fabriques des églises, cathédrales, paroissiales et succursales, ainsi qu'à l'acquit des fondations, fait partie des propriétés nationales. »

« Les meubles ou immeubles provenant de ces actes seront régis, administrés et vendus comme les autres domaines ou meubles nationaux.

« La régie du droit d'enregistrement poursuivra la rentrée de toutes les créances qui se trouveront dans cet article. »

Les fondations de bienfaisance n'eurent pas un sort meilleur.

La loi des 23 octobre, 5 novembre 1790, titre I, art. 1er, avait ajourné la question de savoir si on déclarerait nationaux « les biens des hôpitaux ou maisons de charité et autres établissements destinés au soulagement des pauvres ».

La loi du 19 mars 1793 déclara que « l'assistance des pauvres est une dette nationale » et ordonna par suite que « les biens des hôpitaux, Fondations et dotations en faveur des pauvres, seraient vendus

charitables. Aucune, par contre, n'a réglé le mode d'établissement des fondations nouvelles. Les abus et les inconvénients de la mainmorte étaient encore beaucoup trop présents à l'esprit de chacun pour qu'on pût songer à la reconstituer sous quelque prétexte que ce fût, même en l'améliorant.

---

après l'organisation complète, définitive et en pleine activité des secours publics. »

Par la loi du 1er mai suivant, « les biens formant la dotation des hôpitaux et maisons de charité desservis par les ci-devant membres soit de l'ordre de Saint-Jean-de-Dieu, dits Frères de la Charité, soit de toutes les autres Congrégations séculières de l'un et l'autre sexe, vouées au service des pauvres et au soin des malades, furent provisoirement exceptées de la vente ordonnée par la loi du 18 août 1792, portant suppression desdites Congrégations, cette vente dut demeurer suspendue jusqu'après l'organisation complète, définitive et en pleine activité des secours publics, conformément à l'article 5 du décret du 5 mars précédent. »

La même loi voulut, article 2, que ces biens fussent « provisoirement régis, sous la surveillance des corps administratifs par les anciens administrateurs ou par les individus qui auraient été choisis pour les remplacer comme ils l'étaient avant la loi du 18 août 1792, à la charge de rendre compte ainsi qu'il était prescrit par l'article 15 du titre Ier de la loi du 5 novembre 1790. »

Ces dispositions provisoires ne furent pas de longue durée. La loi du 23 messidor an II déclara que « l'actif des hôpitaux, maisons de secours, hospices, bureaux de pauvres et autres établissements de bienfaisance, sous quelque dénomination qu'ils fussent, faisaient partie des propriétés nationales et voulut qu'il fut administré et vendu conformément aux lois existantes sur les domaines nationaux. »

Cette dernière loi, il est vrai, suspendue dès le 9 fructidor an III, fut rapportée définitivement dès le 16 vendémiaire an V, par une autre qui vint décider que les biens affectés à l'acquit des Fondations relatives à des services de bienfaisance et de charité seraient considérés comme faisant partie des biens des hospices et administrés comme tels. Mais bien du mal était déjà fait et un petit nombre de Fondations furent ainsi sauvées de la ruine.

Suivant l'expression de Montesquieu, « elle paraissait au peuple si déraisonnable, que quiconque eût voulu parler pour elle eût été regardé comme un imbécile » (1). En outre, c'était une opinion fort répandue à la fin du siècle dernier parmi les membres de nos Assemblées délibérantes que la propriété devait finir avec l'homme et que les droits de ce dernier sur les choses extérieures étant exclusivement viagers, il ne lui appartenait pas d'en disposer, surtout d'en disposer à perpétuité (2). L'idée de Fondation est diamétralement opposée à cette opinion. De là, le silence du législateur révolutionnaire.

Les rédacteurs du Code civil subirent eux aussi l'influence de ces souvenirs et de ces théories : « Les droits de l'homme sur la propriété sont exclusivement viagers. » Voilà ce que proclame la nature, voilà du reste ce qu'impose la nécessité, disait encore Bigot de Préameneu, lors de la discussion de l'article 910 ; c'est la loi la plus impérieuse de la nafure ; mais il est permis de faire fléchir cette règle salutaire devant un grand intérêt public. La loi peut permettre aux citoyens de transmettre à des personnes civiles constituées pour des services d'utilité publique, mais il y a tou-

(1) Montesquieu, *Esprit des Lois*, liv. 26, ch. V.
(2) Fenêt., t. XII, p. 510.

jours dans cette faculté une spoliation des générations futures, une extension contre nature des droits de l'individu sur la propriété ».

Aussi ne trouvons-nous dans le Code civil aucune théorie générale relative aux fondations. Le mot même de « Fondation », ce mot qu'on retrouve si souvent dans les actes de dispositions entre vifs ou testamentaires, ne s'y lit nulle part.

De sorte que c'est seulement à l'aide des principes généraux du droit, et de quelques textes épars dans les lois spéciales relatives aux biens des églises, des hospices, des divers établissements publics que l'interprète moderne peut reconstituer la législation d'une matière que d'Aguesseau avait cru devoir régir par le grand édit de 1749. Quoi qu'il en soit, cette législation ainsi disséminée, quelle est-elle? Justifie-t-elle surtout ce que nous avons avancé plus haut : à savoir que pour être plus obscure que celle de l'édit de 1749, elle n'en est pas meilleure?

III

PAR ACTE ENTRE VIFS ON NE PEUT SOI-MÊME CONSTITUER UNE FONDATION EN ENTITÉ JURIDIQUE SPÉCIALE : ON NE PEUT QUE SOLLICITER CETTE CONSTITUTION DU POUVOIR CENTRAL.

Patrimoine constitué en vue d'un but déterminé, la Fondation, avons-nous dit, devrait toujours apparaître dans la vie juridique comme une individualité propre. Le capital de sa dotation devrait former un être de raison à part, ayant en lui-même le sujet de son existence et n'ayant besoin, pour subsister, de s'appuyer sur aucune personnalité étrangère (1).

Ce mode de fonder était très pratiqué autrefois dans les Pays-Bas et dans les contrées voisines, comme la Lorraine et le Palatinat. On y rencontrait une foule de petits capitaux ainsi constitués en entités juridiques par des Fondateurs désireux principalement d'assurer à perpétuité des bourses d'étude ou de secours à certains membres de leur fa-

(1) Il nous a été donné de prendre connaissance d'une consultation

mille ou de leur commune. Par un singulier hasard du sort, ces petites Fondations, ainsi livrées à elles seules, eurent même une existence plus vivace et plus robuste que leurs grandes sœurs aînées confiées par la piété des Fidèles à la garde et à l'administration de l'Eglise. Pendant que celles-ci disparaissaient dans la tourmente révolutionnaire qui bouleversa non seulement la France, mais l'Eu-

délibérée le 15 avril 1878 par un des membres les plus éminents du barreau de Paris, Me Albert Liouville, à propos d'une Fondation établie en 1631 par Nicolas (Claude), curé de Ruette, pour l'établissement de quatre bourses d'études au profit des enfants de sa famille. Le fondateur n'avait point donné les biens affectés au service de cette fondation à telle ou telle personne morale : Commune, Etat, Etablissement public ou religieux; mais il avait voulu que ces biens fussent réunis en une masse pourvue d'une administration spéciale : un receveur boursier devant rendre ses comptes au moins tous les six ans au curé de Ruette et au maire de Grandcourt (la commune dont dépendait la cure de Ruette), appelés par le disposant, les auditeurs, et ayant la désignation des boursiers d'après les règles spécifiées au testament.

Cette petite Fondation, ainsi livrée à elle seule et n'ayant pas d'autre titulaire qu'elle-même des droits et des obligations à elle afférant, n'en subsiste pas moins depuis bientôt trois siècles. De temps en temps des difficultés se sont élevées au sujet de son administration, de la nomination et des pouvoirs des auditeurs; mais son existence n'a jamais été contestée, et aujourd'hui encore elle est aussi vivace qu'au lendemain de son établissement.

Je citerai également, dans le même genre, une Fondation faite en 1737 par un sieur Joseph Fontaine, pour l'établissement de trois bourses en faveur des enfants de sa famille et dont l'administration était confié au curé de Tonnie, et au plus proche parent du côté paternel. Au commencement de ce siècle des difficultés se sont élevées relativement à cette administration, mais la validité même de la Fondation fut formellement reconnue. (Conseil d'Etat du 20 sept. 1809. Roche et Lebon, t. 1, p. 193,

rope presque tout entière à la fin du siècle dernier, la plupart d'entre elles échappèrent à la ruine et, aujourd'hui encore, on les voit, à chaque instant, figurer devant les tribunaux belges et quelquefois aussi devant les tribunaux français pour y exciper de leurs droits et les défendre.

En France, on a quelquefois songé à ce mode de fonder pour la création d'établissements tels, qu'un hôpital, un orphelinat, une école, c'est-à-dire pour la création d'établissements à la dotation desquels de vastes domaines ou d'immenses édifices sont généralement consacrés.

Par leur nature et leur importance, les biens affectés à ces fondations ont paru de temps à autres capables de soutenir le poids de la personnalité civile et de former à eux seuls un sujet de droit; témoins : L'Institution des Sourds-Muets, l'Institution des Jeunes Aveugles, les Établissements libres d'instruction supérieure, certaines colonies pénitentiaires, un grand nombre d'hospices.

Mais on a jamais conçu que ce même mode de fonder pût s'appliquer également à de petites fondations au service desquelles ne sont affectés que des capitaux de minime importance, et généralement exclusivement mobiliers. Pour faire de chacune de celles-ci un être de raison à part, il eût forcément fallu, la plupart du temps, reconnaître la possibilité de personnifier ou tout au moins de gratifier une simple idée, voire même le moyen choisi pour arriver à une fin déterminée. Or, c'est là une conception à laquelle on ne s'élève pas encore en France d'une manière générale.

Certains auteurs en ont même conclu que l'idée de Fondation demeurait encore inconnue chez nous (1), et certes rien ne justifie mieux cette critique que l'examen de la législation actuelle en cette matière. Cette législation en effet ne permet même pas de constituer, soi-même, en entités juridiques spéciales les grandes fondations dont nous parlions tout à l'heure.

Comme dans l'ancien droit, aux termes des articles 1 et 3 de l'édit de 1749, les fondations qui tendent à la création d'un établissement nouveau ne peuvent de nos jours être suivies d'effet qu'avec l'autorisation du Pouvoir central, ou, pour parler plus exactement, le Pouvoir central peut seul les établir. Les simples citoyens ne peuvent que solliciter de lui cette création en appuyant leur sollicitation de la promesse de doter les établissents futurs.

Aucun texte ne proclame formellement ce principe, mais une foule de décisions législatives l'impliquent nécessairement.

(1) Seligmann, *De la création et de l'extinction des personnes morales*, p. 2.

Un avis du Conseil d'Etat du 17 juin 1806 s'exprime ainsi à l'égard des établissements de bienfaisance que le zéle et la piété des personnes charitables tendent à multiplier un peu partout :

« De pareils établissements ne peuvent être utiles et inspirer une confiance fondée, quels que soient le prétexte et les intentions qui les ont fait naître, tant qu'ils ne sont pas soumis à l'examen de l'administration publique, autorisés, régularisés par elle.

« Il y aurait de graves inconvénients à tolérer et à reconnaître sans ces formes salutaires et conservatoires l'existence de ces sociétés qui, ne se contentant pas de donner des secours à domicile, contractent avec des particuliers l'engagement de les loger, vêtir, entretenir et nourrir sans offrir une garantie suffisante de la durée de ces engagements.

« Ce serait former des hospices dans une direction et un système qui pourrait croiser et contrarier les vues du gouvernement et ses principes sur cette importante matière de l'administration ; exposer une multitude de familles à se voir trompées par une charité mal dirigée ou par des calculs défectueux, et, dans le cas où de semblables établissements viendraient à tomber, ils exposeraient ou le gouvernement à payer des hospices qu'il n'aurait pas créés, ou des malheureux à se voir victime d'une confiance mal placée, après avoir perdu dans une longue et trompeuse sécurité, tout moyen d'exister.

« D'où il suit que tous les établissements de charité et de bienfaisance dirigés par des sociétés libres, qui rassemblent dans un même lieu des femmes en couche, des malades, des orphelins, des vieillards et des pauvres, ne doivent plus être tolérés sans être régularisés et surveillés. »

Les lois du 2 janvier 1817 et du 24 mars 1825; l'ordonnance du 14 janvier 1831; la loi du 3 juin 1835, art. 1 et 6; le décret du 31 janvier 1832; la loi du 12 juillet 1875 éclairent et précisent ce principe que personne du reste ne songe à contester, quoique nulle part écrit dans nos lois.

Au point de vue spécial qui nous occupe, on a voulu le justifier en disant : « qu'on personnifie une idée grande ou utile de manière à en assurer la propagande et l'extension, rien de mieux. Mais que le premier venu puisse à sa guise donner à ses erreurs, aux rêves de son imagination, l'éternité, c'est inadmissible. Les fantaisies de l'homme, *ægri somnia*, doivent mourir et s'éteindre avec lui ; seules, ses grandes pensées se perpétuent et méritent de vivre d'une vie propre. Qui donc sera juge en la question, sinon l'Etat, souverain appréciateur de ce qui intéresse la masse des citoyens ? Non, l'érection d'une institution au rang des personnes civiles ne peut pas être abandonnée au bon plaisir des Fondateurs, sans cela le simple citoyen deviendrait législateur, et son omnipotence n'aurait d'autres mesures que la limite de sa fortune ou le gré de ses caprices » (1). Ces quelques lignes de M. Piébourg justifieraient à la vérité le droit exclusif que l'Etat s'est arrogé en ces matières où, plus que partout ailleurs, peut-être, l'imagination humaine peut se donner carrière et enfanter, je le reconnais, des établissements non seulement inutiles mais encore dangereux, s'il n'y avait d'autres moyens de prévenir les abus de la liberté qui serait ainsi laissée au disposant et de s'opposer à la fondation d'institutions absolument dénuées de toute utilité et même de bon sens, comme celles qui tendraient par exemple à pourvoir à la nourriture des souris ou à former des puces savantes.

Mais qu'on retourne seulement la règle précédente ; au lieu de dire l'Etat seul pourra dispenser la capacité juridique aux fondations, qu'on dise les fondations auront de plein droit la capacité juridique, si elles ne sont contraires ni à l'ordre public ni aux bonnes mœurs et si elles émanent d'une volonté libre et saine. Par là toute facilité sera donnée aux disposants pour réaliser leurs intentions généreuses et les intérêts de la société seront aussi parfaitement sauvegardés. Pour faire tomber ces fon-

(1) Piébourg, *De quelques questions sur les personnes civiles.*

dations nées de l'imagination malade ou des caprices du disposant dont M. Piébourg craint tant la naissance et avec raison, il suffira, quand on voudra en demander l'exécution, d'exciper soit leur caractère illicite ou immoral, soit l'insanité de leur auteur, et elles ne vivront pas plus que si un acte du pouvoir central eût été nécessaire pour leur donner l'existence juridique.

C'est ainsi que les choses se passent en Suisse (1), et il y a pas plus d'institutions illicites ou immorales dans ce pays qu'en France. Le principe actuel n'a donc pas même pour lui le mérite de l'utilité.

Encore si l'Etat se montrait généreux dans la dispensation de la personnalité civile, il y aurait là un correctif à la sévérité et à l'étroitesse de la loi.

Mais de nos jours, comme autrefois à Rome, « paucis ad modum in causis concessa sunt hujus modi corpora (2) », pour que l'Etat fasse droit à la requête d'un fondateur, lui demandant de donner la vie à l'institution qu'il se propose de doter, il faut non seulement que cette institution soit juste, utile, réfléchie, qu'elle ne blesse en rien l'ordre public ou les bonnes mœurs, qu'elle ne porte point atteinte aux intérêts légitimes des familles qui doivent être consultées à cet égard et mises à même

(1) Loi du 14 juin 1881, tit. 27, état 678, p. 4.
(2) L. I. *Princ.* Dig. liv. III, titre IV.

de fournir leurs observations sinon aux termes, du moins suivant l'esprit de l'ordonnance du 14 janvier 1831 (1); il faut encore que par son caractère et son importance elle soit appelée à rendre des services tels qu'on puisse la considérer comme un établissement « *d'utilité publique* ».

L'Etat accorde solennellement de loin en loin la personnalité civile à un Hôpital, à un Mont-de-Piété, à une Caisse de secours pour les invalides de la marine, de l'armée, du travail, à quelques grandes écoles, comme l'Institut Pasteur, ou les établissements libres d'instruction supérieure; mais il la refusera à une fondation de messes, à une fondation de bourses, à une fondation de prix, c'est-à-dire à toutes ces petites fondations d'un intérêt minime et qui ne doivent profiter qu'à quelques personnes, non à toute une catégorie de citoyens.

Elle n'en ont cependant pas moins leur importance et leur utilité et les services qu'elles rendent, pour être moins éclatants, n'en sont pas moins réels.

(1) Ordonnance du 14 janvier 1831. Art. 3. Nulle acceptation de legs au profit des mêmes Établissements ne sera présentée à notre autorisation sans que les héritiers connus du testateur aient été appelés par acte extrajudiciaire pour prendre connaissance du testament, donner leur consentement à son exécution ou produire leurs moyens d'opposition, etc...

Du reste, alors même que le Gouvernement serait décidé à atténuer autant que possible les inconvénients de la législation et à largement obtempérer aux sollicitations des fondateurs, sa bienfaisante influence ne pourrait encore s'exercer que dans un bien petit nombre de cas.

Beaucoup de gens, en effet, sont disposés à consacrer, après leur mort, une partie de leur fortune à l'accomplissement d'une œuvre qui leur est chère, mais bien peu sont prêts à se dépouiller de leur vivant, en faveur de cette même œuvre; car si l'on veut assez souvent mériter le titre de fondateur au détriment de ses héritiers, on le veut bien moins souvent à son propre détriment.

Or, il résulte des principes même de notre droit, nous allons l'établir, que, par dispositions de dernière volonté, on ne peut même pas assurer une dotation à un établissement, non encore existant, mais que, vu son importance et les services qu'il serait appelé à rendre, l'Etat ne manquerait pas de reconnaître et d'admettre à l'existence après cette dotation.

IV

LA SOLLICITATION NE PEUT AVOIR LIEU PAR ACTE DE DERNIÈRE VOLONTÉ

A côté des personnes morales reconnues par la loi, telles que les Départements, les Communes, les Hospices, certains Corps enseignants, certaines Sociétés savantes ou de bienfaisance, il existe une foule d'individualités, telles que les Communautés religieuses non autorisées ou certaines Confréries pieuses, qui, si elles n'ont pas une existence légale, ont, tout au moins, une existence de fait, paraissant à beaucoup de monde devoir nécessairement entraîner pour elles des conséquences juridiques.

Aussi sont-elles souvent l'objet de donations et de legs que leur méritent, et leur caractère et l'esprit qui préside à leur direction.

Ont-elles capacités pour recevoir ces donations ou ces legs?

I. Jamais cette question n'a soulevé de difficultés sérieuses. Le Pouvoir central pouvant seul donner la vie juridique aux êtres de raison, il est de toute évidence que ceux qui se forment en dehors de son autorisation et, en quelque sorte, à son insu, ne peuvent être regardés comme juridiquement existants, et comme capable dès lors de faire l'objet d'une libéralité, puisqu'aux termes de l'article 906, pour recevoir, il faut être : *Necesse est esse ei cui datur*,

Quelle que soit la richesse de ces établissements; quelles que soient les mille manières dont ils manifestent leur existence : Ouverture d'Ecoles, de Cours, de Conférences, de Chapelles, de réunions de toutes sortes, au point de vue légal, ils ne sont pas et n'ont, par suite, aucune capacité d'acquérir à titre gratuit comme à titre onéreux. Comme le disent fort bien MM. Aubry et Rau (1) : « L'existence de fait n'est pas attributive de la personnalité juridique, et pour les personnes morales aussi bien que pour les personnes physiques, c'est la personnalité seule qui les rend aptes à devenir le sujet d'une libéralité. »

C'était la doctrine romaine : « *Collegium si nullo speciali priviligio subnixum sit, hereditatem capere non possit, non dubium est* », dit la loi 1 au Code *de héréd. inst.*

C'était la solution de l'ancien droit (2). C'est celle que de nos jours la doctrine et la jurisprudence ont consacrée (3).

(1) Aubry et Rau. T. VII, p. 649, n° 6 in fine.

(2) Furgole. *Des testaments*, chap, VI., sect. 1, n° 36 ; — Pothier. *Des donat. et test.* p. 491.

(3) Aubry et Rau, *loc. cit.* Demolomb., XVIII, p. 586. — Laurent,

Or, si un établissement, même existant en fait, même possesseur de biens considérables, ne peut cependant recevoir quoi que ce soit tant qu'il n'a pas été reconnu et, en quelque sorte, admis à la vie civile par le Gouvernement, à plus forte raison doit-il en être de même pour un établissement encore à créer, et n'ayant pas même cette existence de fait qui peut faire un instant illusion sur la capacité des premiers.

Cette solution est certaine, et c'est en en faisant une juste application au testament d'un sieur Meynard, conseiller général de Vaucluse, que le tribunal civil d'Orange a, au commencement même de cette année, prononcé la nullité du testament de ce dernier.

« Considérant, disait le testateur, qu'il ne reste plus personne qui me soit véritablement attaché ; et qu'en conséquence, le souvenir qu'on garderait de ma dépouille mortelle serait de courte durée ;

« Considérant que, si j'ai acquis une modeste fortune, ce n'est pas sans avoir encouru dês dangers, fait des sacrifices et éprouvé beaucoup de peines ; il me semble qu'il est de toute justice de consacrer une partie de cette fortune à mes restes mortels pour leur assurer un repos durable :

---

t. VI., Cass. du 3 juin 1861. S. 1861, I. 615. — Cass., 12 avril 1864. S. 1864, I, 153. — Cass., 9 mai 1869. S. 1870, I, 37.

C'est dans ce but que je prends les dispositions testamentaires suivantes :

1° Je lègue à ma dépouille mortelle la propriété que je possède à Valréas, appelée le Jas ; je désire que tout ce qui est contenu dans l'enclos reste dans l'état où il se trouvera au moment de mon décès sans y rien changer et que tous les animaux m'appartenant y soient conservés jusqu'à leur mort. Il sera construit dans la galerie de la maison d'habitation un monument funèbre de petite dimension dans lequel sera déposé mon cercueil, etc. Voulant assurer aux dispositions qui précèdent une durée perpétuelle, mon exécuteur testamentaire devra d'abord prélever sur la totalité de mon avoir un capital suffisant pour créer une rente de 2,000 francs, qui servira à l'entretien de l'enclos et des bâtiments qu'il contient. »

Les héritiers attaquèrent ces clauses, et le tribunal en prononça la nullité, déclarant que le Code civil *ne permettait pas de faire un legs à un sujet dépourvu d'individualité ou de personnalité civile.*

II. Mais de pareilles libéralités au lieu d'être faites purement et simplement à un établissement à créer ou à un établissement créé, mais non reconnu, peuvent être faites à cet établissement sous la condition qu'il obtiendra la reconnaissance nécessaire à son existence juridique. Cette modalité ainsi mise à la donation ou au legs va-t-elle les rendre valables si la reconnaissance est obtenue? C'est ici que commencent les difficultés et les controverses.

Dans l'ancien droit Furgole admettait l'affirmative. Ricard partageait le même sentiment. Un don ou un legs est fait pour l'établissement d'un monastère, cette libéralité pour lui est parfaitement valable et cependant le monastère n'existe pas au moment où la libéralité s'ouvre; car, dit-il, « il serait impossible autrement d'eriger de nouveaux monastères parce qu'on ne souffre pas qu'il s'en fasse s'ils ne sont précédés d'une fondation, et il observe même que l'acte de fondation s'attache sous le contre-scel des lettres-patentes pour en faciliter l'obtention. » Pothier était du même avis (1).

De nos jours trois systèmes se sont partagés la doctrine et aussi la jurisprudence.

Un premier, soutenu par Troplong, reproduit la théorie de l'ancien droit. « Je donne cinquante mille francs à la congrégation de X... si elle vient à être autorisée. Dans la vérité des principes, dit le savant jurisconsulte, il n'y a aucune raison sérieuse de contester la validité du legs. Cette disposition équivaut à celle de la loi 62 au Digeste, *De herd. inst.* « cum capere potuerit. » et Troplong va jusqu'à dire que cette condition doit être sous-

(1) Furgole, chap. VI, section I, n° 37. — Ricard, t. 1, première partie, n°s 612 et 613. — Pothier, *Donat. et testament*, t. 2, n° 612.

entendue. « Il en serait de même, dit-il, si le legs, au lieu de renfermer la condition expresse dont il vient d'être question, la contenait implicitement, comme, par exemple, lorsque le testateur voulant gratifier une congrégation religieuse n'ayant encore aucune existence légale au moment du testament, mais nourrissant la pensée de régulariser son établissement par l'obtention ultérieure d'une autorisation, fait, en sa faveur, une disposition de dernière volonté ; dans ce cas, en effet, il est clair que le testateur a sous-entendu la condition « *cum capere potuerit.* » C'est là une de ces conditions implicites, *quæ insunt*, comme dit la loi romaine, et, quand intervient l'autorisation du gouvernement, le legs est validé *ab initio*, par l'effet retroactif attaché à la réalisation des conditions » (1). Le Conseil d'Etat a plusieurs fois approuvé des legs faits dans de semblables conditions et un arrêt de la Cour de Caen du 12 novembre 1869 (Sirey 1870. 2. 145), a consacré cette doctrine. De même un arrêt du 21 juin 70 (Dalloz, 71, I. 97).

Un second système, soutenu par MM. Demolombe, Aubry et Rau, Trochon, de Baulny, Le Berquier adopte la thèse diamétralement opposée. L'existence de la personne gratifiée au jour de la mort du testateur est exigée, disent ces auteurs, dans toutes

(1) Troplong, II, 612,

les dispositions, qu'elles soient pures et simples ou conditionnelles.

L'article 906 est absolu. Est-ce qu'un legs adressé à un enfant non encore conçu serait valable parce que le testateur aurait formellement ajouté cette condition « si dans l'avenir il est conçu ». Non, assurément. La décision du gouvernement qui confère à un Institut la personnalité civile ne saurait avoir d'effet rétroactif et l'existence juridique n'est, sous aucun rapport, antérieure à la décision qui la fonde et la constitue. Si la simple addition d'une condition pouvait rendre valable le legs adressé à un établissement non encore reconnu, ou même non encore créé, il faudrait sous-entendre cette disposition dans toutes les dispositions de ce genre et on arriverait ainsi par un raisonnement sur une modalité au renversement du principe. En outre, l'établissement n'étant point autorisé au moment du décès du testateur, le droit a été acquis aux héritiers ou successeurs du disposant d'invoquer l'incapacité absolue du légataire et l'on ne voit pas comment il serait possible que ce droit leur fut enlevé par un événement postérieur. Quand même l'autorisation d'accepter la libéralité serait jointe à l'autorisation par laquelle l'établissement serait légalement reconnu, il ne pourrait encore rien en résulter contre les héritiers, car ces sortes d'autorisation sont toujours accordées sous la réserve des droits des tiers « *salvo jure tertii,* » dit l'ordonnance du 2 avril 1817, art. 2 et au jour de la mort du testateur le droit d'invoquer la nullité est définitivement acquis à ses héritiers (1).

Un troisième système, enfin, s'est produit entre ces deux extrêmes. Un établissement, a-t-on dit, doit toujours se fonder, s'organiser et fonctionner pendant un certain temps avant d'obtenir l'autorisation de l'Etat. Le Gouvernement n'approuve pas un simple projet et ne donne pas à l'avance la personnalité pour une fondation future. Il érige en établissement d'utilité publique une fondation déjà existante en fait, entourée déjà d'éléments de succès et dont l'utilité est démontrée, non par de simples promesses, mais par des actes. Eh bien, pendant cette période préparatoire, l'établissement est assimilable à un enfant conçu. Dès lors la loi permettant de gratifier l'enfant conçu et non encore né, elle doit également permettre de doter un établissement qui se fonde et se met par une existence de fait en état de mériter l'autorisation, la concession de la vie civile. Cette solution est nécessaire sous peine de contradiction, puisque, notamment à l'égard des corporations religieuses, la reconnaissance par l'Etat est subordonnée à la justification

(1) Demolombe, XVII, n° 588 et 589 ; Aubry et Rau, t. VII, n° 649 ; De Baulny, *Revue critique*, 1859, XIV, p. 237 et suiv, Le Berquier, *Revue pratique*, 1859, VIII, p 504 et suiv. n° 2. Trochon, *Reg. leg des communautés religieuses*, p. 210.

de ressources suffisantes déjà acquises. La décision du gouvernement légitime, elle ne crée pas, elle régularise après coup les donations en régularisant l'existence de l'établissement gratifié (1).

De ces trois systèmes lequel est conforme aux véritables principes de notre législation ?

Aux termes de l'article 906 du Code civil, « *pour être capable de recevoir entre vifs, il suffit d'être conçu à l'époque de la dotation. Pour être capable de recevoir par testament il suffi d'être conçu à l'é- du décès du testateur.* » Mais si cette condition est suffisante, elle est nécessaire et nécessaire pour toutes les libéralités quelles qu'elles soient, pures et simples, conditionnelles, à terme, peu importe : « Necesse est esse ei cui datur ». En vain, dirait-on que pour les dispositions testamentaires, l'article 1040 exige seulement que le légataire soit capable, au moment de l'acquisition du legs, c'est-à-dire de l'accomplissement de la condition. Cet article ne va en rien à l'encontre de l'article 906. Il repousse, il est vrai, au moment de l'accomplissement de la condition, le moment où le légataire doit être capable ; mais il ne le dispense pas d'exister au moment où s'ouvre pour lui la libéralité, c'est-à-dire au décès du testateur. Pour parler le langage romain, le bénéficiaire d'un legs n'a

(1) Jacquier, *des Congrégations religieuses*, p. 231 et s.

besoin d'être capable qu'au « dies venit » du legs, mais il doit exister à son « dies cedit », et ce serait confondre ces deux instants si différents dans la vie d'une libéralité testamentaire que de se contenter de l'existence de l'institué au premier.

On voit immédiatement dès lors quelle va être notre solution.

Comme le font justement ressortir les partisans du second système que nous avons exposé, l'autorisation accordée à un établissement de mainmorte ne déclare pas seulement, elle crée son existence. Jusque-là il n'était rien, pas même un embryon, pas même un fœtus de personne morale, comme le voudrait M. Jacquier. L'enfant conçu, en effet, est déjà quelqu'un, une personnalité, inférieure peut-être, mais enfin une personnalité. L'établissement non autorisé, au contraire, même existant en fait, aux yeux de la loi, n'est qu'un néant, et le néant ne peut recevoir même à titre conditionnel, même à titre suspensif; car, pour recevoir, ne fût-ce qu'à ces deux titres, il faut encore être.

Quant aux ressources suffisantes dont le gouvernement exige la justification des établissements qui réclament le bénéfice de la personnalité civile il n'est pas nécessaire qu'elles consistent en des biens leur appartenant déjà. Il suffit à ces établissements de justifier qu'une fois reconnus, elles leur appartiendront, soit parce que des personnes généreuses sont prêtes à les leur donner alors, soit par toutes autres causes.

Le systéme de M. Jacquier enfin et celui de Troplong auraient l'un et l'autre le grave inconvénient de créer une situation des plus facheuses aux héritiers des disposants, surtout si ces derniers n'avaient fixé aucun délai à l'établissement gratifié pour l'obtention de la personnalité civile. La loi, en effet, n'a fixé aucun délai pour l'accomplissement des conditions apposées aux contrats et n'autorise pas la justice à en fixer un dans le silence des parties contractantes (art. 1176 du Code civil). Les héritiers seraient donc obligés de conserver, éternellement peut-être, sans pouvoir en disposer jamais, les biens ainsi tombés éventuellement seulement dans leur patrimoine, et il y aurait là évidemment une situation intolérable pour eux.

Dans l'ancien droit, il est vrai, nous avons vu Furgale et Ricard se prononcer pour la validité de semblables libéralités. Mais aussi la situation était différente. A cette époque, les diverses maisons d'un même Ordre dépendaient toutes de la même personnalité juridique, celle de l'Ordre lui-même et, par conséquent, lorsqu'une libéralité était faite pour fonder une maison de tel Ordre à tel endroit, si le Gouvernement autorisait cette fondation, il y avait quelqu'un pour recevoir cette libéralité, il y avait un gratifié : l'Ordre, auquel elle s'adressait, auquel elle était faite en réalité à charge par lui de fonder une nouvelle maison de son obédience, si le Roi l'y autorisait. De nos jours, il n'en n'est plus de même. Les établissements religieux sont tous considérés comme parfaitement distincts les uns des autres, alors même qu'ils appartiennent à la même règle. La maison-mère ne peut prêter à aucun d'eux la personnalité dont elle-même peut jouir. On ne peut donc argumenter ici du droit ancien au droit nouveau et si un arrêt de la Cour de cassation du 17 juillet 1856 (Dalloz, 56, 1. 279), a un jour, validé un legs fait en faveur de quelques religieuses établies à Arras et ne formant pas une congrégation reconnue, mais se rattachant à une congrégation reconnue, c'est qu'en fait, il avait été établi que ces religieuses ne formaient point un établissement particulier et que leur maison n'était qu'une dépendance de la maison-mère. Il s'agissait en effet de religieuses Hospitalières qui, aux termes même du décret de 1809 qui les autorise, « vont s'établir partout où l'exigent les besoins du service. »

Avec MM. Demolombe, Aubry et Rau, Duranton, de Baulny, Trochon, le Berquier nous déciderons donc qu'une libéralité faite à un établissement non encore reconnu ou non encore créé sous la condition qu'il obtiendra la reconnaissance du Gouvernement, est et doit demeurer nulle, quels que soient les événements postérieurs qui puissent venir à se produire. C'est du reste le système consacré depuis longtemps par la jurisprudence de la Cour de cassation et presque toujours aussi par celle du Conseil d'Etat. (Cass. 12 avril 1864. D. 1864, t. 218. — Cass. 14 août 1866. D. 67, t. 110.)

Mais alors, va-t-on dire, chaque jour, on voit des personnes bienfaisantes qui, dans un but religieux, philanthropique ou scientifique, font des legs destinés à fonder des hôpitaux, des écoles, des prix devant récompenser telle ou telle vertu, tel ou tel mérite. Ces hôpitaux, ces écoles, ces prix n'existent pas encore au décès du testateur, puisque sa libéralité a justement pour but de les créer. Sera-t-on obligé de déclarer tous ces legs caducs comme ne s'adressant à personne, et de stériliser, de la sorte, la générosité publique ; de tarir à sa naissance une des sources les plus abondantes en bienfaits de toutes sortes pour l'Etat ?

Quelque fâcheux que pourrait être ce résultat, nous n'hésiterions cependant pas à l'admettre si la rigueur de la logique nous y conduisait : les raisons de pur sentiment ne devant jamais aller jusqu'à l'esprit du jurisconsulte et influer sur ses décisions. Interprète de la loi, il doit en proclamer les prescriptions sans s'occuper si ces prescriptions lui paraissent injustes ou même funestes. C'est affaire au législateur et non à lui. Il peut signaler ces injustices, ces dangers : il ne doit jamais essayer de les tourner. Il devrait plutôt les mettre en relief, afin qu'étant plus évidents ils soient plus vite corrigés.

Mais, heureusement, si l'on veut bien examiner le principe sur lequel nous nous sommes appuyés pour déclarer l'impossibilité de doter des établissements non autorisés, à plus forte raison non créés, même pour le cas où ils obtiendraient l'autorisation nécessaire à leur existence, on se convaincra bien vite que toutes craintes sont ici chimériques.

On ne peut rien donner, avons-nous dit, à un établissement non autorisé ou non créé parce qu'un établissement non autorisé ou non créé est inexistant, est le néant, et que le néant ne peut recevoir. Mais quand je donne pour fonder un hôpital, une école, une bibliothèque, la situation n'est plus la même. Cet hôpital, cette école, cette bibliothèque, il est vrai, n'existent pas encore. Eux sont le néant. Mais les individus qui doivent en profiter, et qui, en dernière analyse, sont les véritables gratifiés, eux, ils existent; ils ne sont pas le néant, et la plupart du temps, ils ont même un représentant légal : un bureau de bienfaisance, une commune, une Académie, pour recevoir en leur nom. Ce n'est donc qu'en apparence que des libéralités de ce genre s'adressent au néant. En réalité, elles trouvent un bénéficiaire tout prêt pour les recevoir, Ce qui n'existe pas encore, c'est le bienfait qu'elles procureront, ce ne sont pas ceux qui jouiront de ce bienfait et de ceux-là seulement l'existence est nécessaire à la validité de la disposition. « Une disposition faite pour la création d'un établissement publique est valable, disent avec raison, MM. Aubry et Rau, toutes les fois qu'il existe une personne morale qui, en raison de l'intérêt qu'elle peut avoir à la création de cet établissement et du rapport de dépendance dans lesquels il restera vis-àvis d'elle, peut jusqu'à un certain point être considérée comme le sujet de la libéralité. Ainsi le legs fait pour la création d'un hospice ou d'une bibliothéque publique dans telle ou telle ville serait valable, bien que cette ville n'eut pas été nommément instituée légataire et que, même, dans l'intention du testateur, l'établissement dût avoir une existence propre » (1). C'est la théorie sur laquelle s'appuyaient déjà nos anciens auteurs pour déclarer valables les fondations destinées à créer de nouvelles maisons religieuses de la dépendance d'un même Ordre et aujourd'hui, à part qu'on ne peut plus l'appliquer à cette hypothèse spéciale, elle n'a rien perdu de sa force et de sa justesse. Aussi a-t-elle rallié la jurisprudence et la presque totalité des auteurs (2).

---

(1) Aubry et Rau. T. VII, p. 649.

(2) I Civ. Cass. 6 Mars 1854 ; S 54. 1, 374. Cham. réun.— Cass. 17 juillet 56; Sirey. 56 I. 716.— Cassat. 7 nov. 1859; D. 59. I 444.— Cass. 2 mai 1864; Sirey. 64. I. 235; Demolombe, *Donat.* I, N° 587 et s.; Laurent, XI. p. 266.

III. Nous venons d'établir qu'on ne peut rien donner ou léguer à un Etablissement non encore créé ou non encore reconnu, même sous la condition qu'il obtiendra l'autorisation nécessaire à son existence juridique. Mais peut-on donner à une personne capable, à charge par elle de transmettre tout ou partie de la libéralité à l'établissement incapable, qui, impuissant à être gratifié directement, serait néanmoins alors apte à recevoir indirectement et par voie de dispositions modales ?

Cette question a encore été plus controversée peut-être que la précédente, et l'accord est loin d'être fait sur elle. Aussi doit-elle fixer vivement notre attention.

Rien ne saurait s'opposer à la validité de semblables dispositions (1), puisqu'elles trouvent, a-t-on prétendu, lors de leur ouverture, un gratifié parfaitement capable et ne tombent pas par conséquent sous le coup de l'article 906. Quant à la charge dont elles sont affectées, assurément elle n'est ni impossible, ni illicite, ni immorale. Elle doit par conséquent être exécutée, et si l'établissement au profit duquel elle a été insérée, ne peut, vu son inexistence, ester lui-même en justice pour réclamer cette exécution, les

(1) En ce sens, Demolombe, *Donat.*, I, n° 590. Aubry et Rau. *Cours de droit civil*, t. VII, parag. 649. Coin-Delisle, *Donat. et test.* sur l'art. 906.— Cass. rej. 7 nov. 1859 ; Sirey, 60, I, 350. Reg. rej., 21 juin 1870; Sirey, 70, I, 357.

héritiers du disposant seront toujours là pour contraindre le légataire à obéir à la clause de son legs, ou pour exercer l'action révocatoire.

Or, c'est déjà là une théorie que je ne saurais admettre. L'article 906 du Code civil s'oppose formellement à ce qu'un établissement non reconnu puisse recevoir quoi que ce soit. La clause en question va directement à l'encontre de cet article. Elle a pour but de l'anihiler, de le tourner ; elle est donc contraire à la loi : elle est illicite et doit, par conséquent, être considérée comme non écrite. Une disposition ainsi rédigée : « Je donne tant à la communauté de X... ou à tel établissement à fonder », serait nulle. Une disposition ainsi conçue : « Je donne tant à *Primus*, à charge par lui de remettre cette somme à la communauté de X..., ou a charge de fonder tel établissement », ne saurait être valable. La Cour de cassation l'avait bien compris, lorsque, le 8 mars 1880, elle déclarait nul le legs fait ainsi par une personne interposée à un établissement religieux, même légalement reconnu parce que *l'interposition avait eu pour objet de dispenser cet établissement d'obtenir du gouvernement l'autorisation nécessaire*. (Cass., 3 mars 1880. S. 81, I, 423.) Qu'aurait dit alors la Cour, s'il se fût agi non pas seulement de dispenser cet établissement de toute autorisation, mais de le relever de son incapacité même de recevoir ? Assurément, elle eût, à nouveau, solennellement déclaré ce qu'elle avait déjà formellement proclamé le 3 juin 1861 (Dalloz, 61, I, 218), à savoir « qu'on doit considérer comme faites en fraude d'une loi d'ordre public les dispositions testamentaires qui ont pour objet de transmettre par l'intermédiaire d'une personne interposée les biens légués à des établissements incapables de recevoir, *car il n'est pas plus permis d'éluder la loi que de la violer ouvertement.* »

Mais alors même que la clause de transmission pourrait être regardée comme licite, le système que nous étudions se tiendrait-il davantage ? Nullement. Le légataire ici, dit-on, n'est plus l'établissement non autorisé, c'est la personne chargée d'accomplir la clause du legs. En apparence, oui; en réalité, non. En réalité, le véritable légataire, le véritable bénéficiaire est la personne morale inexistante et cependant gratifiée puisqu'en fait c'est elle seule qui doit recueillir le bénéfice de la libéralité. Par suite, les tribunaux qui, en toutes ces matières, ont un pouvoir souverain d'appréciation, qui ne sont pas liés par les mots, mais doivent au contraire s'appliquer à chercher le fond sous la forme, les tribunaux, dis-je, passant par dessus l'interposé, devront aller au véritable gratifié et lui demander sa capacité qui, seule, devra déterminer la validité de la disposition.

Voici du reste un arrêt de la Cour d'Orléans, du 15 décembre 1884, qui résume fort bien, à notre avis, les principes qui doivent régir la matière.

Une dame Baron avait institué un sieur de Biencourt son légataire universel, à charge par lui d'employer la fortune de ladite dame à la création d'une école libre.

« Attendu, dit la Cour, que les premiers juges ont fait une juste et saine appréciation des dispositions testamentaires de la dame Baron, en décidant que de Biencourt n'était pas investi en réalité de la qualité de légataire universel ;

Qu'il est constant, en effet, que les termes mêmes du testament lui refusent, de la manière la plus absolue, la disposition des biens prétendus légués ; que, dans aucun cas prévu, à aucune époque, aucune partie de ces biens, si minime qu'on la suppose, n'est susceptible de se réunir légitimement aux biens de l'institué, ni d'accroître son patrimoine ;

Que, d'autre part, il n'est et ne peut être tenu *ni des dettes ni des charges de la succession;* qu'il n'est donc pas un légataire sérieux ; qu'il n'est pas davantage un exécuteur testamentaire ; que la fonction d'exécuteur testamentaire, en effet, consiste à surveiller l'emploi des fonds de la succession au regard des légataires ; qu'elle suppose leur institution ; qu'il n'est même pas entré dans la pensée de la testatrice d'attribuer à de Biencourt une pareille fonction ;

« Attendu que, ces points établis, il est sans intérêt de rechercher, au point de vue de la solution du litige, si de Biencourt serait un fideicommissaire, ayant reçu la mission occulte de transmettre des biens à des incapables en fraude de la loi ;

« Que, du moment, en effet, où le testament ne désigne, en dehors de l'appelant, aucune autre personne ayant capacité pour recevoir, la nullité de l'institution du légataire universel entraîne, par voie de conséquence, au regard des héritiers naturels, la nullité du testament lui-même ;

« Qu'on ne peut prétendre que la condition imposée de fonder une école libre de garçons tenue par un instituteur congréganiste ou laïque constitue une institution au profit d'une personne morale quelconque, ayant une vocation pour recevoir ce don ; qu'on ne voit pas quelle pourrait être cette personne ; qu'elle ne peut être ni une société ou congrégation, ni la commune, ni un groupe d'individus susceptible d'être déterminé ; que le vague des expressions du testament et le défaut absolu de spécification ne permettent pas d'admettre une pareille interprétation ;

« Qu'il s'en suit que le testament attaqué ne contenant aucune institution d'héritier, toutes ses dispositions tombent d'elles-mêmes comme liées entre elles et n'ayant d'existence que, dans un point de départ vicieux et contraire aux principes du droit;

Que le mandat décerné à de Biencourt de fonder une école libre ne lui a été, en effet, attribué que d'une manière conditionnelle, et comme conséquence de sa qualité de légataire universel; qu'il n'en est que l'accessoire; qu'il disparaît donc et s'évanouit en même temps que cette qualité;

« **Par ces motifs** :

Déclare XX..... bien fondé en leur demande, en nullité de testament, etc..... » (1)

Cet arrêt, aussitôt rendu, souleva les plus vives critiques.

Ce qui détermine la nature et le caractère juridique d'un legs universel, dit-on, c'est non l'avantage réel qu'en retire le légataire, mais le droit éventuel à l'universalité de la succession qui lui est conférée. (*Juris. gén.* v° *Disp. ent. vifs et test.* n°s 3568, 3582, 3586, 3587, 3605 et 3611. — Demolombe, *Donat. et test.* t. 4, n°s 533 et 613; — Aubry et Rau, *Cours de Droit civil français*, 4e édit. t. 7, p. 714.) Quelle que soit la part que le légataire doive recueillir dans l'hérédité, par cela seul que le legs contient une vocation, même éventuelle, à l'universalité du patrimoine du testateur, la disposition est valide et

(1) Journal *Le Droit* 1885, n° 247.

constitue un legs universel. Ainsi, alors même que la succession tout entière serait absorbée par des legs particuliers, il peut y avoir un légataire universel, car ce n'est pas l'étendue de l'émolument, mais celle du droit qui caractérise la disposition universelle. (*Jur. Gén. v° cit.*, n° 3587.— Troplong, *Donat. et test.* n° 1774. Demolombe, *op. cit.* n°s 532 et 535. — Toullier, *Droit civil.* t. 3, n° 506. — Orléans, 22 av. 1847; D. 47, 4. 314). —Il a été ainsi jugé à bon droit que la clause par laquelle un testateur lègue à une personne tous ses biens meubles et immeubles avec prière de les distribuer à des légataires particuliers et d'accepter pour cet office une tabatière de 300 francs constitue un legs universel et non l'institution d'un exécuteur testamentaire. Alors même que de Biencourt, dans l'espèce actuelle, n'a pas même une tabatière, son institution n'en est donc pas moins valable. A défaut d'autre chose du reste, ne le fait-elle pas, tout au moins, le continuateur juridique du *de cujus*, celui qui profitera de la caducité des legs comme aussi celui qui, *ultra vires*, devra payer les dettes, le cas échéant?

La question fut portée devant la Cour de cassation et, le 5 juillet 1886, la Cour suprême rendit l'arrêt suivant :

« La Cour, Vu l'article 1003 du Code civil,

« Attendu que par son testament olographe en date du 1er août 1882, la dame Baron a légué tous ses biens, meubles et immeubles et généralement tout ce qu'elle possédait à sa mort au sieur de Biencourt;

« Attendu qu'il ressort manifestement de cette disposition, vocation, au profit de de Biencourt, à l'universalité des biens composant la succession de la testatrice ; qu'il importe peu dès lors que l'exécution des charges qui ont été imposées au dit de Biencourt et l'accomplissement du mandat qu'il a par là-même à remplir, doivent absorber en totalité l'émolument de la disposition faite à son profit ; qu'il n'en reste pas moins le continuateur juridique de la personne de la testatrice en sa qualité de légataire universel de cette dernière ;

« Attendu que, si le testament porte que tous les frais de la succession doivent être prélevés sur les biens de la succession de la dame Baron, il ne suit pas de là que le légataire universel ne soit pas tenu des dettes ; attendu cependant que l'arrêt attaqué décide que de Biencourt n'était pas en réalité investi de la qualité de légataire universel, parce que de la juste et saine application des termes mêmes du testament, il résulterait qu'aucune portion des biens composant la succession n'est susceptible de se réunir légitimement aux biens de l'institué, qui ne serait pas tenu des dettes ; qu'en statuant ainsi l'arrêt attaqué a méconnu la portée juridique des clauses du testament de la dame Baron et violé l'article susvisé ;

« Par ces motifs, casse..... » (1)

C'était donner raison aux critiques que nous avons fait connaître. A tort, croyons-nous.

En effet, il est vrai de dire qu'alors même qu'une succession serait absorbée tout entière par des legs particuliers, il peut exister un légataire universel, car ce n'est pas l'étendue de l'émolument, mais celle du droit qui caractérise la disposition universelle. Mais autre chose est imposer à un légataire universel des legs particuliers absorbant tous les biens de la succession, et autre chose le charger de transmettre à un autre cette succession entière, intégrale, considérée comme formant une masse indivise dont la propriété ne fera que passer sur sa tête sans s'y arrêter.

Dans la première hypothèse la volonté du testateur est bien de faire du légataire universel tout au moins son continuateur juridique, le représentant de sa personne, et c'est pour cela que la caducité des legs particuliers profitera à ce légataire universel, tenu aussi, par réciproque, des dettes qui pourront se découvrir dans l'avenir.

Dans l'autre, au contraire, la volonté évidente, manifeste, certaine, du disposant est de faire du bénéficiaire caché le successeur de sa personne

(1) Dalloz, 5 juillet 1886, t. 165.

comme de ses biens. Il a institué un légataire universel, c'est vrai ; mais ce légataire universel, pour lui, ne doit être qu'une personne interposée, qu'un homme de paille qui devra s'effacer lui-même pour transmettre au bénéficiaire véritable, non institué et resté dans l'ombre, tout aussi bien la continuation de la personnalité que la propriété des biens. L'institué ici n'est un légataire universel, au sens juridique du mot, qu'en apparence. Cela résulte de tout l'ensemble du testament. Or, il est admis par tout le monde qu'alors même qu'un testament contient, en termes exprès, l'institution d'un légataire universel, cette disposition peut être détruite par l'effet d'autres dispositions révélant une volonté contraire ou incompatible avec un leg universel. (*Jur. gén.*, Disp. entre vifs et test., nº 3597).

En vain vient-on dire qu'en semblable occurence, le légataire universel représente tout au moins le *de cujus* relativement aux dettes. Ici, en effet, ce ne sont point seulement des biens particuliers de la succession qu'il doit transmettre à l'institué en sous-ordre, c'est cette succession elle-même, entière, intégrale, considérée comme formant une masse indivise, avons-nous dit, avec son passif comme avec son actif par conséquent. Il ne devra donc pas plus profiter de la caducité des dispositions secondaires qu'acquitter les dettes, le cas échéant ; accroissement comme dette faisant partie de la masse à transmettre.

Cela est si vrai que, dans l'hypothèse sur laquelle nous raisonnons, le testateur l'avait expressément dispensé « des charges de la succession », ce qui, à notre avis, et malgré l'opinion de la Cour suprême, comprenait aussi les dettes : pour des gens peu habitués au langage juridique, charges et dettes étant des mots synonymes.

Quoi qu'on dise et qu'on fasse, on ne peut donc voir dans la disposition qui nous occupe autre chose qu'une disposition faite sous le nom d'une personne interposée et, aux termes de l'article 911 du Code civil, de semblables dispositions sont toujours nulles lorqu'elles sont faites au profit d'un incapable.

Mais je veux bien encore qu'on ne puisse considérer cette libéralité comme telle ; je veux bien qu'on soit obligé de voir dans le légataire apparent un légataire réel. Le but que l'on poursuit n'en sera pas davantage atteint.

Cette libéralité, dites-vous, n'est nullement un legs en faveur de l'établissement inexistant. Ce n'est qu'une stipulation à son profit, stipulation faite comme condition du legs. Mais la stipulation au profit d'un tiers, prévue par l'article 1121 du Code civil, constitue une offre de donner et cette convention, quoique dispensée des formes des donations, reste néanmoins soumise aux règles de capacité ordinaire. (Marcadé, *Exptic. du C. civil,* t. 4.

p. 365, et s., n° 436.— Colmet de Santerre, *C. analytique de Code civil*, t. 5, n° 33 *bis*, p. 43). Celui au profit de qui elle est faite, doit donc juridiquement exister au moment où elle se produit, comment concevoir en effet une stipulation au profit de quelqu'un qui n'existe pas. Or, l'hypothèse actuelle suppose précisément cette inexistence.

Il n'y a donc aucun moyen d'arriver, soit directement, soit indirectement, à gratifier un être de raison existant en fait mais non reconnu par le gouvernement, à plus forte raison un être de raison à créer. Comme les libéralités directes conditionnelles ou non, la disposition modale est impuissante à y parvenir. Comme elles, elle se butte à l'obstacle infranchissable mis par l'article 906 à la capacité d'acquérir de qui n'existe pas, obstacle que les articles 900, 911 et 1121 ne permettent pas de tourner.

Aux termes de l'article II de l'Edit de 1749, défense était faite de faire aucune disposition par acte de dernière volonté pour fonder un nouvel Établissement, ou au profit de personnes qui seraient chargées de former ledit Établissement, même quand la disposition serait faite à la charge d'obtenir des Lettres-Patentes. Cette défense n'a été renouvelée nulle part dans nos lois. Néanmoins, on le voit, elle n'en subsiste pas moins comme une conséquence nécessaire des principes généraux du droit sur la capacité d'acquérir, et c'est en vain qu'étonnés de sa rigueur, les tribunaux voudraient l'éluder. Elle s'impose à eux.

Nous avions donc bien raison de dire que, par testament, on ne peut léguer quoi que ce soit pour *fonder* ou à *charge de fonder* un établissement nouveau.

V

LES FONDATIONS NE PEUVENT ÊTRE ÉTABLIES QUE PAR DES DONATIONS OU LEGS A CHARGE, FAITS A DES PERSONNES MORALES RECONNUES PAR LA LOI ET AYANT CAPACITÉ POUR LES RECEVOIR.

Etant donné que, de son vivant, on songe rarement à constituer un patrimoine pour le service d'une idée, quelque chère que vous soit cette idée, quelqu'utile qu'elle soit pour tout le monde ; étant donné que, plus rarement encore, le gouvernement autorise ces constitutions ; étant donné enfin qu'on ne peut faire de semblables dispositions par acte de dernière volonté, il est bien difficile, au point de vue juridique, de définir les Fondations : « des ensembles de biens soumis à une même administration dans un but déterminé ». Beaucoup trop rarement, elles se présentent sous cette forme pour que le jurisconsulte puisse en donner cette définition, qu'il doit laisser au grammairien et à l'économiste, pour aller chercher la sienne ailleurs.

Quelle sera-t-elle ?

Merlin dit des Fondations qu'elles sont « des donations ou legs qui ont pour objet l'établissement soit d'une église, soit d'un hôpital, soit de tout autre établissement d'utilité publique, ou qui sont faites sous la charge de quelque œuvre pie à des églises ou communautés déjà établies ». (1)

Cette définition, qui leur convenait admirablement dans l'ancien droit et dans le droit Romain, est encore celle qui doit en être donnée aujourd'hui.

Dons ou legs à charge perpétuelle faits à des personnes morales, qui associeront à leur longévité et les capitaux à elles confiés et l'usage assigné à ces capitaux : telle est en effet la forme sous laquelle, actuellement encore, elles se présentent généralement à nous. C'est la forme que leur donne la pratique, et c'est la seule que le législateur semble avoir conçue pour elles. Qu'on se reporte en effet aux quelques textes législatifs où il est parlé des Fondations et l'on verra qu'elles y sont toujours envisagées comme des libéralités faites soit à des établissements d'instruction ou de bienfaisance, soit à des communautés religieuses (2), c'est-à-dire, je le répète, à des personnes morales

(1) Merlin, *Répert.*, v° *Fondation.*

(2) Loi du 28 germinal an X, art. 73 ; loi du 11 floréal an X, art. 45 ; loi du 30 décembre 1809, art. 36 ; ordonnance du 2 avril 1817, art. 3, p. 9 ; Loi du 7 août 1881, art. 18.

reconnues, car pour celles qui n'existent que de fait, ne pouvant rien recevoir, nous l'avons vu, à charge de Fondation, pas plus qu'autrement, il ne saurait en être question ici.

Mais les personnes morales reconnues, à la différence des personnes réelles, n'ont pas, par le fait seul de leur existence, la pleine capacité de tous les droits civils. Elles ne jouissent au contraire que de ceux de ces droits que l'État a bien voulu leur reconnaître. Créées en vue d'un but déterminé et pour remplir une mission spéciale, leur capacité juridique est limitée à ce but et à cette mission. En recevant la vie, elles reçoivent l'indication de la carrière qu'elles doivent parcourir. Leurs attributions sont définies et limitées et, en dehors de ces attributions, elles sont complètement incapables. Comme le disait fort justement M. Jozon, dans un remarquble discours prononcé à l'Assemblée nationale le 10 juin 1875, « La personnalité civile n'est pas de droit naturel pour les associations. La personnalité civile n'appartient qu'aux êtres humains, aux individus vivant d'une vie réelle, parce que cette personnalité est attachée à leur qualité d'hommes. Au contraire, les associations ne peuvent avoir la personnalité civile qu'en vertu d'une fiction de la loi. C'est l'intérêt général seul qui peut justifier cette dérogation au droit commun, et l'intérêt général qui est la raison de cette dérogation en est en même temps la mesure, en ce sens qu'on ne peut l'accorder que dans les limites que commande l'intérêt général (1) ».

Lors donc que je veux établir une Fondation, ma libéralité doit s'adresser non seulement à une personne morale reconnue par l'Etat, mais encore à une personne morale ayant capacité pour se charger du service que je réclame d'elle ; autrement, je ne ferai rien de valable ; car gratifier quelqu'un d'incapable de recevoir cette gratification, revient toujours à ne gratifier personne.

C'est là un principe reconnu et admis par tout le monde. Mais, lorsqu'il faut faire descendre ce principe du domaine de la théorie dans celui de la pratique, les difficultés s'accumulent, car rien ne prête plus à controverse que la capacité relative de chaque personne morale et il est une foule d'actes que les uns veulent faire rentrer dans les attributions d'un établissement auquel les autres dénient formellement le droit de s'en occuper.

Une fabrique, par exemple, a-t-elle capacité pour recevoir un legs destiné à la création d'une école? De nos jours où la division est si grande sur toutes les matières qui touchent à l'enseignement et où chacune des opinions qui se partagent les citoyens

(1) *Journal officiel*, à cette date.

voudrait, pour ainsi dire, avoir son école, peu de questions sont d'un intérêt plus actuel et de nature à se présenter plus souvent. Malheureusement peu sont plus discutées.

Jusqu'à ces dernières années, l'affirmative avait semblé devoir l'emporter et plusieurs ordonnances ou décrets avaient autorisé les fabriques à accepter de semblables libéralités. Je citerai notamment les ordonnances royales du 3 mars 1836 et du 19 juin 1838, ainsi que le décret du 22 janvier 1867. Mais jamais cette solution n'avait été universellement admise. En 1837 nous voyons le Conseil d'Etat, « considérant que les Fabriques n'ont été reconnues comme établissements publics et autorisées à recevoir et à posséder que dans l'intérêt de la célébration du culte et dans les limites des services qui leur sont confiés à cet égard par les lois et règlements ». s'opposer à l'acceptation par une fabrique d'un legs à elle fait à la charge d'ouvrir une école tenue par des frères des écoles chrétiennes.

Aussi, en présence de cette divergence d'opinion, qui chaque jour allait croissant, le Conseil d'Etat crut devoir, le 24 juillet 1873, rendre un véritable arrêt de principe sur la matière.

« Considérant, dit-il que, si la loi n'a imposé qu'aux autorités civiles l'obligation de créer et d'entrenir des écoles, aucune disposition n'interdit aux établissements qui représentent les intérêts religieux d'un groupe d'habitants partageant les mêmes croyances, de veiller et, au besoin, de pourvoir à ce que les enfants de ces habitants reçoivent l'instruction ;

Que loin de là, diverses dispositions législatives ou réglementaires reconnaissent expressément ce droit aux établissements appartenant aux cultes non catholiques ;

« Que l'on peut citer notamment la loi du 18 germinal an X et le décret du 26 mars 1852 sur l'organisation des cultes protestants, qui visent la discipline ecclésiastique des Eglises réformées de France et qui fixent les attributions des consistoires et des conseils presbytéraux ; le décret du 17 mars 1808 et les ordonnances du 29 juin 1819, 20 août 1823 et 25 mai 1844, qui règlent l'organisation du culte israélite, et qui fixent les attributions du consistoire central et des consistoires départementaux ;

« Que l'article 31 de la loi du 15 mars 1850 sur l'enseignement, inspirée par la même pensée, confère aux consistoires le droit de présenter des instituteurs pour les écoles communales protestantes ou israélites ;

« Qu'en fait, la plupart des consistoires subventionnent ou entretiennent des écoles, et possèdent des rentes et des immeubles qu'ils ont reçus ou acquis dans ce but avec l'autorisation du gouvernement ;

« Que, si, à l'égard des fabriques, les règlements sont muets, et si les autorisations de ce genre ont été plus rares, ce n'est pas parce qu'il existerait dans leur organisation une différence essentielle créant aux yeux de la loi une inégalité inexplicable au détriment du culte de la majorité : c'est par des considérations de fait et parce que les conseils municipaux pouvant en général être regardés comme représentant naturellement les intérêts et les sentiments de la majorité catholique, l'intervention des conseils de fabrique paraissait inutile, tandis que celle des consistoires était réputée nécessaire pour donner satisfaction aux intérêts religieux des minorités ;

« Que cependant, à toutes les époques, des autorisations ont été données aux fabriques, même en dehors des localités où la population catholique était en minorité ;

« Qu'en fait, un certain nombre de fabriques emploient des ressources spéciales à soutenir des écoles ;

« Que cet état de choses ne paraît point avoir jamais présenté aucun inconvénient ;

« Que, au contraire, l'autorité universitaire, à diverses époques, en a reconnu les avantages ainsi que la légalité (Avis du 10 février 1837 ; Lettres de M. Guizot, ministre de l'instruction publique du 9 mars 1837 ; de M. Segris, ministre de l'instruction publique, du 6 avril 1870; de M. Jules Simon, ministre de l'instruction publique, du 25 avril 1873);

« Considérant qu'aujourd'hui, plus que jamais, il importe de multiplier les écoles, et en particulier d'augmenter le nombre de celles qui sont pourvues de dotation, allégeant les charges de l'Etat, des départements et des communes ;

« Que presque toutes les fondations de cette nature sont inspirées par le sentiment religieux et adressées à des établissements ecclésiastiques ;

« Qu'au lieu de décourager les donateurs en subordonnant l'exécution de leurs libéralités à des conditions qui s'écartent complètement de leurs intentions, il est, au contraire, conforme à l'intérêt public en même temps qu'il est juste, de leur laisser la plus grande liberté compatible avec les exigences de la loi, et de se borner à édicter les prescriptions nécessaires pour assurer dans l'avenir l'exécution fidèle et durable de leurs volontés, etc.

« Est d'avis, etc... » (1).

Cet avis si longuement motivé allait-il fixer la jurisprudence ? Nullement. Le 13 avril 1881 un revirement complet s'opérait au sein du Conseil d'Etat et une nouvelle décision de principe consacrait la solution inverse.

(1) Dalloz, 1873. 3, 99

« Considérant, dit cette fois le Conseil d'Etat, que les fabriques, comme les autres établissements publics, n'ont été investies de la personnalité civile qu'en vue de la mission spéciale qui leur a été confiée ;

« Considérant qu'il résulte des articles 76 de la loi du 18 germinal an X, et 1er du décret du 30 décembre 1809, que les fabriques ont été établies pour veiller à l'entretien et à la conservation des temples, et à l'administration des aumônes ;

« Considérant qu'aucune loi postérieure n'a modifié les attributions des fabriques, et ne leur a accordé le droit de fonder ou d'entretenir des écoles ; qu'il ne peut être suppléé au silence du législateur par ce motif que les fabriques pourraient être considérées comme « représentant les intérêts religieux d'un groupe d'habitants » et chargées, par suite, de pourvoir à la création et à l'entretien d'écoles confessionnelles ;

« Que, lorsqu'il s'agit des attributions de personnes morales, créées par la loi, ce n'est pas dans le droit commun qu'il faut chercher les règles à appliquer, mais dans la loi spéciale qui les a instituées ;

« Qu'il suit de là que ni les traditions historiques, ni les considérations d'utilité publique ne peuvent autoriser à étendre les attributions des fabriques à un service qui ne leur a été restitué ni en l'an X ni en 1809 ; qu'en même temps, en effet, qu'il ordonnait la vente, au profit de la nation, des biens appartenant aux fabriques et aux établissements scolaires, le législateur faisait de l'instruction du peuple une charge d'Etat ; que cette obligation, constamment respectée, a été maintenue notamment par la loi du 11 floréal an X et le décret du 17 mars 1808, préparés en même temps que la loi de germinal an X et le décret du 30 décembre 1809 ;

« Que, dans ces circonstances, la restitution aux fabriques de services relatifs à l'enseignement n'aurait pu se concilier avec l'attribution exclusive de ces mêmes services à l'Etat ou aux communes ; qu'on ne saurait davantage invoquer en faveur des fabriques le principe de la liberté de l'enseignement proclamé par les lois de la Révolutlon ;

« Que ce principe ne s'appliquant qu'au droit individuel des citoyens à enseigner et non au droit de créer des écoles libres, a été rendu aux associations, mais que ce droit n'a pas été étendu par la même loi aux établissements ecclésiastiques;

« Considérant, d'autre part, qu'en confirmant par son article 11 la suppression de tous établissements ecclésiastiques autres que ceux dont elle autorisait la reconstitution, la loi de germinal an X n'a pu investir ces dernières d'une attribution générale pour l'acceptation des dons et legs, parce qu'en leur conférant cette attribution générale, elle leur aurait fourni en même temps le moyen de réorganiser les établissements supprimés et d'éluder sa prohibition ;

. . . .

. . . .

« Est d'avis que les fabriques, ayant été instituées exclusivement dans l'intérêt de la célébration du culte et pour l'administration des aumônes, ne sont aptes à recevoir et à posséder que dans les limites de ces attributions, etc. » (1).

Il suffit de se reporter au texte de ces deux avis pour voir celui qui a consacré la véritable solution juridique.

Le premier n'invoque guère à l'appui de sa thèse que des arguments d'analogie bien faibles en cette matière où tout est de droit étroit, où il est impossible de soutenir que ce qui n'est pas défendu est permis, et où, surtout, ne sauraient intervenir des considérations d'intérêt général qui, à la rigueur, pourraient être de nature à influencer le législateur, mais dont ne peut et ne doit tenir aucun compte le jurisconsulte uniquement préoccupé de rechercher si telle chose est ou non permise par la loi, sans regarder si cette permission ou cette défense est utile ou justifiée.

(1) Sirey, 1881, 5, 198.

Le second, au contraire, basé sur les principes mêmes de notre législation en fait de personnalité civile et sur les textes qui ont organisé et réglementé l'institution des fabriques, me semble inattaquable dans sa doctrine et avoir, à bon droit, rallié l'assentiment des docteurs (1).

Quoi qu'il en soit, c'est cet avis qui est actuellement suivi dans la pratique, et c'est de sa solution, par conséquent, que doivent tenir compte les fondateurs.

On ne peut donc faire une libéralité à une fabrique en la chargeant d'ouvrir une école. Peut-on lui en faire une en la chargeant d'ouvrir un hôpital, une maison de refuge, un asile ou de distribuer des secours à certains pauvres ?

Toutes ces questions se sont présentées en fait et sont de nature à se représenter de nouveau. Comme pour les écoles, la solution à leur donner a fait l'objet de nombreuses controverses et, suivant les époques, différents systèmes ont été adoptés. Des avis du Conseil d'Etat du 15 février 1837 ; 13 novembre 1840 ; 4 mars 1841 ; 30 décembre 1846 ; 24 janvier 1863 ; 6 mars 1873 (2), ont tour à tour admis l'impossibilité, la possibilité avec certaines restric-

(1) Prébourg, *opus cit.* — Léon Becquet, *Revue pratique*, 1879, t. II, et 1881, t. II.

(2) Dalloz, 1873, 3. 97 et la Note.

tions, la possibilité absolue; enfin, dans le courant de l'année 1881, le Conseil d'Etat, montrant vis-à-vis de ces libéralités la même sévérité que pour les écoles, a décidé formellement que les fabriques n'avaient pas plus qualité pour accepter les unes que les autres. (Avis du Conseil d'Etat du 24 mars 1881.)

Dans le courant de la même année, des avis successifs décidèrent également que les cures et succursales ne pouvaient être autorisées à recevoir ni les dons et legs qui leur étaient faits en faveur des pauvres, ni ceux qui avaient pour objet la fondation ou l'entretien d'établissements scolaires ou charitables: la loi qui les régit limitant leur capacité aux libéralités qui ont pour but l'amélioration des cures et le sort des curés successifs; que les évêchés et archevêchés ne pouvaient recevoir que ce qui leur était donné à eux-mêmes ou à leurs chapitres cathédraux et à leurs séminaires; enfin que les consistoires ou les conseils presbytéraux des églises protestantes ne pouvaient être autorisés à recevoir ni les libéralités qui leur étaient faites pour créer ou entretenir des écoles ni celles qui avaient pour but le soulagement des pauvres, tandis que les consistoires des églises israélites étaient parfaitement aptes à recueillir ces mêmes libéralités. (Avis du Conseil d'Etat des 31 mars, 13 avril, 1er et 2 juin 1881).

Par là était tranchée la grande controverse sur

l'aptitude des différentes personnes morales à se charger de Fondations ne rentrant pas dans le cercle de leurs attributions.

Mais on voit dans quelles étroites limites cette jurisprudence, ou plutôt la loi elle-même, enferme la capacité de chacune de ces personne et de combien de précautions, par suite, de combien de conseils, les Fondateurs devront s'entourer avant de désigner tel ou tel Etablissement, telle ou telle Association ou Congrégation comme le sujet de leurs libéralités.

Ces précautions et ces conseils devront être pris avec plus de soins encore si le disposant tient essentiellement à ce que ce soit le bénéficiaire, par lui désigné, qui soit chargé effectivement de l'administration de sa libéralité et s'il entend faire de cette clause une condition *sine quà non* de sa disposition

De ce que la personne désignée est incapable de recevoir la libéralité à elle faite, il ne s'ensuit pas toujours, en effet, que cette libéralité soit caduque et doive, par conséquent, revenir aux héritiers du disposant.

La fabrique, le consistoire, l'évêché, la cure écartés, il peut se trouver d'autres personnes ayant qualité pour réclamer cette libéralilé, et qui, généralement ne manqueront pas de le faire.

Il a été ainsi jugé que lorsqu'un legs était fait

en faveur des pauvres, quel que fût le légataire nominal institué pour le leur faire parvenir: fabrique ou autre, les pauvres étaient en réalité les légataires certains institués par le testament et devaient le recueillir par leur représentant légal, le bureau de bienfaisance, alors même que le testateur aurait formellement déclaré qu'il entendait que la Fondation par lui faite ne soit jamais placée dans l'administratien de ce bureau de bienfaisance. (Cassation, 4 août 1856. D. 56, I. 453; — Cassation, 14 juin, 1875. D. 76, I, 133), et cette jurisprudence, il faut bien le reconnaître, quelque rigoureuse qu'elle soit, est, comme la précédente, conforme à la loi.

Donner une somme déterminée à une Fabrique ou à un Etablissement quelconque, pour que cette Fabrique ou cet Etablissement en distribue chaque année les intérêts à un certain nombre de vieillards malheureux, par exemple n'est pas, en effet, faire de cette Fabrique elle-même le véritable bénéficiaire de sa libéralité, puisqu'elle n'en doit retirer aucun profit et que celui-là seul, nous l'avons établi précédemment, peut être considéré comme titulaire d'une libéralité qui en peut retirer un avantage quelconque, même purement honorifique. Les véritables bénéficiaires, en l'espèce, ce sont les vieillards appelés à jouir de la disposition du testateur, disposition qui doit, dès lors, s'interpréter comme si elle était ainsi rédigée: « *Je lègue une somme de xxx aux vieillards sous designés. Je charge* *la Fabrique de X*** d'administrer et de gérer cette Fondation.* » Cette gestion par la Fabrique est une condition mise à l'institution, rien de plus, et comme cette condition est impossible, comme de plus, elle est regardée comme contraire à l'ordre public, (1), elle doit être considérée comme non écrite. Par suite, c'est à bon droit que le bureau de bienfaisance, représentant légal de tous les vieillards malheureux de la commune, s'empare de cette libéralité, en fait adressée à la Fabrique, en droit, faite purement et simplement à ces vieillards. *Dura lex* peut-être, *sed lex.*

Grandes difficultés donc pour savoir à quelle personne morale il convient de confier sa fondation, et grand danger d'en attribuer l'administration à une personne incapable de s'en charger, voilà déjà un premier inconvénient qui résulte, pour les Fondations de la législation actuelle et du mode d'établissement qu'elle leur impose.

Mais cet inconvénient, et il n'est pas minime, puisqu'il peut entraîner la caducité de la libéralité, est malheureusement loin d'être le seul. De la nature que donne aux Fondations le genre même de leur institution, découle, en effet, toute une série de conséquences dont presque toutes leur sont désavantageuses ; nous allons le voir.

(1) Dalloz, 1856, I. 454. Note.

VI

INCONVÉNIENTS QUI RÉSULTENT POUR LES FONDATIONS DE LEUR QUALITÉ DE DONS OU LEGS A CHARGE.

A

Les fondations sont dans la dépendance absolue de l'établissement auquel elles sont attachées.

Dons ou legs à charge périodique et perpétuelle faits à des personnes morales reconnues par la loi et ayant capacité pour les recevoir : telles sont, à peu près universellement, les Fondations dans notre droit.

Par suite, elles n'ont aucune existence propre. Une fois acceptées, elles se confondent avec le patrimoine de la personne gratifiée ; elles ne font qu'un avec lui et en suivent le sort bon ou mauvais. Elles cessent d'être représentées par le capital affecté à leur dotation pour ne plus l'être que par la charge imposée à l'établissement légataire ou donataire. Que cet établissement vienne à disparaître, à tomber en déconfiture, à ne plus pouvoir, en un mot, remplir ses engagements, et elles disparaîtront avec lui sans que rien puisse les sauver de la ruine.

Vainement, en effet, le fondateur ou ses héritiers voudraient rentrer en possession des biens donnés en exerçant l'action révocatoire ouverte à leur profit par l'inexécution des charges mises à la libéralité.

Cette action, en effet, peut bien faire rentrer dans le patrimoine du disposant ou de ses successeurs des biens encore existants, mais non des biens dissipés ou même seulement hypothéqués à d'autres ; car le fait d'imposer une charge à une libéralité ne rend pas les biens dont elle se compose ni inaliénables ni insaisissables. Elle ne donne surtout au disposant aucun privilège sur eux pour le cas où la charge venant à être inexécutée, le titulaire de l'action révocatoire trouve, devant lui, les créanciers de l'inexécutant : l'action révocatoire est utile contre un donataire ou un légataire dans ses affaires, mais elle est complètement illusoire contre un donataire ou un légataire en déconfiture ou en faillite, et dont *tous* les biens forment le gage commun des créanciers, aux termes de l'article 2093, avant de former celui des donateurs à charge.

La plupart des décrets qui autorisent l'acceptation des libéralités à charge de Fondation, prescrivent, il est vrai, que les revenus et les dépenses desdites Fondations formeront un chapitre spécial dans le budget de l'établissement légataire et qu'aucune confusion ne pourra s'établir entre les revenus et les ressources normales de cet établissement et ceux de la Fondation. Mais dans quel but cette séparation est-elle ordonnée ? Est-ce dans l'intérêt de la Fondation? Est-ce dans celui de l'établissement élu? L'article 4 de l'ordonnance du 2 avril 1817 ne laisse aucun doute à cet égard. « Les ordonnances et arrêtés d'autorisation détermineront, *pour le plus grand bien des établissements,* l'emploi des sommes données », dit-il formellement. C'est donc uniquement dans l'intérêt de la personne morale gratifiée et pour empêcher que les services à elle confiés par les particuliers ne deviennent une gêne et une cause de ruine pour elle que ces mesures de précaution sont ordonnées. L'Etat, tuteur légal des Etablissements publics, veut se rendre un compte exact des charges que chacun d'eux pourraient prendre, afin de ne pas laisser celles-ci entraver la mission d'intérêt général pour laquelle ces établissements sont créés.

Quant aux Fondations, il s'en soucie fort peu; à preuve cet avis du Conseil d'Etat du 24 juillet 1873, que je prends entre beaucoup d'autres et dont un des considérants comprend le passage suivant:

« *Aucune confusion ne pourra s'établir entre ces revenus* (*ceux d'une Fondation*) *et les ressources normales de l'établissement, et compromettre ainsi les services que la loi lui a spécialement confiés.* » (1)

Alors même, du reste, qu'il en serait autrement, alors même que cette administration spéciale, cette gestion séparée, n'aurait en vue que la conservation et le maintien des Fondations, en résulterait-il qu'elles pourraient survivre à la ruine de la personne morale sur laquelle elles reposent?

Je ne le crois pas. Ces mesures ne sont que des mesures administratives. Elles ne peuvent, par conséquent, changer en rien la nature des fondations qui, gérées d'une manière ou d'une autre, demeurent toujours, soit des donations, soit des legs. Or, les biens qui composent une donation ou un legs, alors même que ces donations ou ces legs sont grevés de charge, forment, comme tous les autres biens du donataire ou du légataire, le gage des créanciers et disparaissent dans sa ruine, je le répète.

Du moment donc où les fondations n'ont pas une personnalité propre et une vie à elle ; du moment qu'elles ont besoin de reposer sur une personnalité étrangère qui les soutienne et leur prête en quelque sorte son existence, elles sont semblables, qu'on me pardonne cette comparaison peu juridique mais qui rend bien ma pensée, elles sont semblables,

(1) Dalloz 1873, III, 100.

dis-je, à ces branches de gui qui, ne pouvant elles-mêmes tirer du sol leur nourriture, s'accrochent aux chênes et vivent de leur sève. Que le chêne vienne à périr ou être abattu par un orage, et la branche de gui tombera et périra avec lui!

Quand bien même rien n'entraverait le fonctionnement et le développement d'une fondation, quand bien même tout concourrait à son maintien et à sa réussite, elle peut donc néanmoins sombrer un jour dans le naufrage d'une institution absolument étrangère, ou plutôt qui devrait être absolument étrangère à son fonctionnement, qui la soutient et la porte, comme la barque soutient et porte le passager sur la mer, mais l'entraîne également avec lui dans son engloutissement.

B

Elles ne peuvent être valablement établies qu'avec l'autorisation du gouvernement, maître de les réduire s'il le juge convenable.

Dons ou legs à des personnes morales, les fondations sont aussi assujetties à la plus étroite surveillance de la part du pouvoir central, et, pour ainsi dire, remises à son entière discrétion.

Dans notre droit actuel, en effet, les personnes morales ont non seulement besoin, comme à Rome, d'une autorisation du gouvernement pour se constituer; elles en ont encore besoin pour accepter les libéralités qui leur sont faites.

Nous avons vu avec l'édit de 1749 combien était sévère, sous ce rapport, la législation de l'ancienne France, et c'est cette législation que les rédacteurs du Code ont entendu faire revivre et même étendre.

Les articles 910 et 937 du Code civil proclament formellement que les dispositions entre vifs ou testamentaires au profit des pauvres, des établissements d'utilité publique, des hospices, ne pourront avoir d'effet qu'autant qu'elles auront été autorisées par un acte du pouvoir central.

« Art. 910. Les dispositions entre vifs ou par testament, au profit des hospices, des pauvres d'une commune, ou d'établissements d'utilité publique, n'auront leur effet qu'autant qu'elles seront autorisées par une ordonnance royale.

« Art. 937. Les donations faites au profit d'hospices, des pauvres d'une commune, ou d'établissements d'utilité publique, seront acceptées par les administrateurs de ces communes ou établissements, après y avoir été dûment autorisés. »

En dehors des termes mêmes de ces articles, les travaux préparatoires ne peuvent laisser aucun doute sur la volonté du législateur. « On ne met pas au nombre des incapables de recevoir : les hospices, les pauvres d'une commune et les établissements d'utilité publique. Il est au contraire à désirer que l'esprit de bienfaisance qui caractérise les Français répare les pertes que ces établissements ont faites pendant la Révolution; mais il faut que le Gouvernement les autorise. Ces dispositions sont sujettes à des règles dont il doit maintenir l'exécution: il doit connaître la nature et la quantité des biens qu'il met ainsi hors du commerce; il doit même empêcher qu'il y ait dans ces dispositions un excès condamnable », dit Bigot de Préameneu, dans son rapport au Corps législatif. Plus loin il ajoute : « Quant aux donations qui seront faites aux établissements publics, elles seront acceptées par leurs administeurs, lorsque le gouvernement qui veille aux droits des familles comme à l'intérêt des pauvres, les y aura autorisés ». (1)

Joubert s'exprime de même devant le Tribunat. « Les hospices, les pauvres d'une commune, les établissements d'utilité publique, ne pourront recevoir qu'en vertu d'une autorisation du gouvernement; le zèle et la piété des personnes charitables ne doivent pas excéder les bornes légitimes. L'intérêt de la société, celui des familles exigeaient cette limitation qui, au reste, sera encore plus sage que le fameux édit de 1749, où on ne trouvait de dispositions restrictives que sur les immeubles. » (2)

(1) Fenêt. t. XII, p. 521.
(2) Fenêt. t. XII, p. 583.

Les lois des 30 décembre 1809, art. 36; 2 janvier 1817 et l'ordonnance du 2 avril de la même année, rendue en conformité de cette loi ; 22 mai 1825, art. 4; 18 juillet 1837, art. 19 et 48; 10 mai 1838, art. 2 et 31 ; 25 mai 1844, art. 64; 15-20 juillet 1850, art. 7; 25-30 mars 1852; 15 février, 31 juillet 1862 ; 5 avril 1884, art. 68 et 70 précisent encore et mettent parfaitement en lumière ce principe que Troplong énonce et justifie en ces termes. « De même que les corps moraux publiés ne peuvent se former sans l'autorisation du gouvernement, de même il leur faut une autorisation pour acquérir à titre gratuit.

Les acquisitions de ce genre intéressent l'économie politique; elles peuvent concentrer de trop grandes richesses dans la main de ces établissements ; elles peuvent dépouiller les familles et donner une trop grande prépondérance à l'intérêt de corporation sur l'intérêt domestique. L'Etat est appelé à porter de ce côté sa vigilance. Le fondement du droit de l'Etat en cette matière, c'est que les établissements publics présentent un caractère d'utilité publique, et étant formés pour le public, sont placés sous l'œil du gouvernement qui doit veiller non seulement à leur conservation, mais encore à leur police. La libéralité doit être autorisée spécialement. Il faut songer aux familles, il faut protéger le mouvement de la richesse contre la mainmorte, il faut empêcher la trop grande concentration des capitaux mobiliers ou immobiliers dans des corps qui ne doivent pas être trop puissants (1). »

Demolombe (*Donat*. t. Ier, n° 592), dit également : « De puissantes considérations d'intérêt public et privé exigeaient que les dispositions faites à ces sortes de personnes fussent soumises à la haute surveillance de l'État : dans l'intérêt public, par des motifs de police politique et sociale en même temps que par des raisons financières et économiques, soit afin d'empêcher le développement démesuré de certaines associations, soit afin de prévenir une trop grande concentration de biens entre les mains des gens de mainmorte; dans l'intérêt privé, afin de protéger les familles contre les entraînements excessifs et les influences condamnables dont ces dispositions pouvaient être le résultat. »

Aucune fondation ne pourra donc être établie dans une maison ou une institution quelconque sans avoir été préalablement autorisée par le pouvoir central représenté, soit par le préfet, soit par le chef du pouvoir exécutif lui-même, suivant les cas (2). Ces autorités examineront les motifs de la

---

(1) Troplong. *Donat. et test.*, n° 662.

(2) Le préfet n'est compétent à l'égard des établissements religieux et généralement de tous ceux autres que les départements, les communes et les établissements de bienfaisance que jusqu'à concurrence de 300 francs. Au-dessus de cette somme l'autorisation est donnée par

fondation, sa nature, son but. Elles tiendront compte de la situation de l'établissement gratifié, de celle du disposant, de sa famille et elles statueront souverainement sur l'acceptation ou le refus de la libéralité de sorte que, en dernière analyse, ici comme pour les fondations qui tendent à la constitution d'un nouvel être de raison, on peut dire que l'acte du disposant à lui seul n'est rien et demeure lettre morte s'il n'est pas vivifié par la décision favorable du gouvernement : décision favorable que celui-ci est libre d'accorder ou de refuser suivant son bon plaisir, sans que personne ait rien à voir dans sa détermination.

Les arrêtés ou ordonnances qui autorisent ou refusent l'acceptation de legs ou de donations sont, en

---

décret, le Conseil d'Etat entendu et sur l'avis préalable des préfets ou des évêques, suivant les cas. (Décret de 1809, art. 59 et Ord. du 2 avril 1817, art. I.)

Les dons et legs faits aux départements avec ou sans charge sont acceptés par le Conseil général quand ils ne donnent pas lieu à réclamation. S'il y a des réclamations, il faut une décision du gouvernement. (Loi des 10-29 avril 1871, art. 46 et 52.)

Pour les communes, l'approbation est donnée par le préfet en Conseil de préfecture lorsque les libéralités faites sous condition ne soulèvent aucune réclamation. Dans le cas contraire, elle doit émaner d'un décret rendu en Conseil d'Etat. (Loi du 2 avril 1884, art, 111 et circulaire du Minist. de l'intérieur du 15 mai de la même année. (Sirey, 1884, 5, p. 609).

Toutes les fois qu'un acte contient des libéralités qui doivent être approuvées, les unes par le préfet, les autres par l'autorité supérieure, c'est l'autorité supérieure qui prononce sur les unes comme sur les autres.

effet, des actes de tutelle administrative qui ne peuvent être déférés au Conseil d'Etat par la voie contentieuse. Vainement, par exemple, celui qui voudrait fonder un établissement de bienfaisance prétendrait que ses projets sont tout désintéressés et dirigés vers un but essentiellement moral et charitable ; vainement alléguerait-il que des institutions semblables existent à l'étranger ou dans le pays où il veut en établir une, si l'État pense que, pour ne pas entraver la distribution de la charité, il importe de n'en pas compliquer les rouages par la création de nouveaux établissements, il n'aura qu'à se soumettre (1).

Et non-seulement l'autorité supérieure peut à son gré donner ou refuser l'autorisation qu'on sollicite d'elle, c'est-à-dire donner la vie à la Fondation ou la laisser dans le néant. Elle peut encore ne l'admettre à l'existence que moyennant certaines diminutions ou certaines rectifications : le droit d'autorisation ne permet ni de modifier la nature de la libéralité, ni de changer les conditions imposées par le disposant qui ne sont ni illicites ni immorales, ni d'en ajouter de nouvelles, mais il implique le droit de réduction et de rectification.

(1) Voir en ce sens Durieu et Roche. *Répert. des établ. de bienf.*, v°. *Libéralité.* — Dufour, *Droit administr.*, t. 5, n° 378. — Conseil d'Etat, 12 fév. 1823, 6 mai 1836. 1er décembre 52, 7 décembre 1877.

C'est un point qui a toujours été admis en jurisprudence.

De 1852 à 1860, plus de quarante-cinq décrets prononçant des réductions ou des rectifications ont ainsi été rendus en vertu de ce droit, et depuis leur nombre n'a fait qu'augmenter (1).

Hâtons-nous d'ajouter toutefois que le fondateur essentiellement désireux d'assurer l'observation intégrale de sa volonté et qui préfère que cette volonté demeure sans effet à ce qu'elle soit après lui mutilée et tronquée, peut valablement mettre à sa libéralité la condition qu'elle sera acceptée ou refusée pour le tout. Il a été ainsi jugé que la clause d'un testament portant que, dans le cas où, pour une cause quelconque, le legs universel fait au profit d'un hospice ne recevrait pas sa pleine et entière exécution, ce legs serait considéré comme nul et un tiers substitué à l'établissement institué; il a été jugé, dis-je, que cette clause était licite, quoique ayant pour résultat d'enlever au Gouvernement son droit de réduction, et qu'il suffisait que le droit général d'autorisation ou de refus d'autorisation fût demeuré intact. (Cass. civ., 25 mars 1863 ; D. 63, I, 113, et Amiens, 24 juillet 1863 ; D. 62, 2, 158.)

Cette solution, cependant, ne fut pas admise

(1) Voir part. J. G. *Disp. entre vifs et test.*, 425. — Décret du 4 Août 1855, D. 55. 4, 83. — Cass. 4 Août 1856, D. 1856, 1, 453. — Cass, 14 juin 1875. D. 1876, I. 133.

sans difficulté. La Cour de Paris s'était prononcée contre elle dans un arrêt du 2 août 1861 (D. 61, 2, 229), et l'annotateur de cet arrêt disait : « Le tribunal de première instance de la Seine a décidé que le testateur, maître de donner ou de ne pas donner, a pu subordonner la libéralité qu'il avait faite à la condition qu'elle serait acceptée pour le tout. Au premier abord, on est tenté de donner raison aux premiers juges qui semblent seuls avoir tenu un compte suffisant de la volonté du testateur.

« En y réfléchissant, cependant, on trouve cette décision difficile à concilier avec la disposition de l'article 900, qui, dans toutes dispositions entre vifs ou testamentaires, répute non écrites les conditions contraires aux lois ou aux mœurs. Quel était, en effet, dans l'espèce, le but de la disposition contestée. C'était de placer l'autorité administrative dans cette alternative ou d'accepter l'institution pour le tout, ou de la refuser pour le tout ; c'était de lui enlever le droit qu'elle prétend avoir, aux termes de l'article 910, et qui, du reste, ne lui est pas contesté, d'autoriser pour partie seulement l'acceptation des libéralités faites aux hospices, aux pauvres d'une commune, aux établissements d'utilité publique. Ainsi, toute la question est de savoir si cette faculté pour l'administration de restreindre, dans l'intérêt des familles, l'étendue des libéralités énoncées dans l'article 910, tient à l'ordre public. Si l'on résout cette question affirmativement, et il paraît difficile qu'il en soit autrement, la conséquence est forcée. L'administration ne peut être dépouillée de ce droit par la volonté du testateur, et dès lors la clause pénale qui annule la libéralité en cas d'autorisation partielle doit être réputée non écrite, aux termes de l'article 900. »

La Cour de cassation, néanmoins, contrairement aux conclusions de M. le premier avocat-général de Marnas, n'a pas admis cette doctrine. La Cour d'Amiens a fait de même, et, aujourd'hui, la question, à notre connaissance, n'est plus discutée. La décision de la Cour suprême s'est définitivement imposée, et à bon droit, croyons-nous.

Lorsque le Gouvernement se refuse à accepter dans son intégralité une libéralité qui absorbe non seulement tout l'enrichissement sur lequel pouvait compter une famille, mais encore toutes les ressources auxquelles cette famille avait légitimement droit et dont elle avait besoin, il pose en principe que le disposant a ignoré la véritable situation de fortune des siens, et que, s'il l'eût connue, il ne se fût pas montré aussi généreux en faveur d'étrangers.

Il s'érige en interprétateur, et en suppléant de la volonté du fondateur. Il ne veut attribuer l'excès de sa libéralité qu'à une ignorance que, mieux éclairé, ce dernier eût été le premier à regretter.

C'est là le fondement du droit de réduction qu'il s'arroge. Mais pour qu'il puisse ainsi baser ses décisions sur une semblable présomption, il est évident que, de toute nécessité, la volonté du testateur, nettement et formellement exprimée, ne doit pas la contrecarrer. Quand ce dernier a positivement déclaré qu'il entendait que sa Fondation soit exécutée telle qu'il l'établissait, ou qu'elle ne soit pas, il n'y a plus de place pour la présomption dont nous venons de parler; plus de place, par conséquent, pour le droit de réduction. Le Fondateur a fait connaître solennellement qu'il préférait sa Fondation à sa famille, sa famille à sa Fondation réduite. On ne peut plus lui présumer d'autres intentions et si le Gouvernement ne veut pas prêter la main à un dépouillement qu'il trouve injuste, il ne peut que refuser l'autorisation d'accepter le legs, mais il ne peut plus le réduire; car ce serait manifestement aller contre l'intention du disposant dont le respect doit avant tout être assuré.

Toutes les modifications que le Pouvoir central apporte aux différents actes de Fondations se justifient par des présomptions de ce genre. Les Fondateurs peuvent donc y échapper par la déclaration expresse que, même mieux éclairés, ils n'auraient pas modifié leurs dispositions; mais, cette déclaration, encore faut-il qu'ils la fassent, car leurs successeurs ne pourront la faire pour eux. Le silence gardé par eux aura érigé en présomption *juris et de jure* qu'ils s'en rapportaient à l'autorité compétente, tant pour les réductions que pour les rectifications que celle-ci croirait devoir apporter à leur œuvre, et les héritiers n'auront qu'à faire délivrance du legs à eux réclamé.

C

Les conditions apposées aux actes de fondations sont régies par l'article 900.

Une autre conséquence non moins regrettable et non moins dangereuse de la nature des Fondations est la suivante. Dispositions à titre gratuit en faveur d'une personne morale, les conditions mises à leur exécution doivent être régies non par l'article 1172, mais par l'article 900. Si donc ces conditions se trouvent soit impossibles, soit illicites, soit immorales, elles n'annuleront pas la disposition : elles devront simplement être considérées comme non écrites, et la libéralité subsistera.

On aperçoit immédiatement tout ce qui va résulter d'une pareille nécessité juridique.

Lorsque je fais une donation ou un legs pour la création d'une école, d'un hôpital, d'une église, d'un prix, généralement ce que je veux créer ce n'est pas une école, un hôpital, une église, un prix quelconque, c'est une école où l'on donnera un enseignement déterminé; un hôpital qui fonctionnera d'une façon spéciale; une église qui sera desservie par tel collége de prêtres désignés par moi; un prix qui sera distribué par telle catégorie de personnes et d'après telles règles que j'ai jugées bonnes. Il s'en suit que les conditions ainsi insérées dans les actes de Fondation sont la partie de ces actes qui donne à l'institution, que le disposant se propose d'établir, son caractère propre et son véritable type. C'est là qu'il faut rechercher la pensée intime du fondateur et la raison d'être de sa libéralité. En dehors de ces conditions, il n'aurait pas, la plupart du temps, donné ou testé comme il l'a fait.

Or, il peut sembler, au premier abord, que rien ne doit être plus facile que de distinguer les conditions impossibles, illicites, immorales de celles qui sont permises. Le simple bon sens et la seule conscience doivent suffire, pourrait-on croire, à faire la distinction. Malheureusement il n'en est pas toujours ainsi. Bien souvent, c'est une question d'une extrême délicatesse et de nature à faire hésiter les plus habiles jurisconsultes comme les plus fins moralistes que celle de savoir si telle condition, apposée à un acte de libéralité, est défendue par la loi ou condamnée par la morale. Telle manière d'être qu'il a plu au fondateur de donner à sa fondation et qu'il a pu juger parfaitement innocente et exécutable pourra donc être considérée comme contraire à l'ordre public et aux bonnes mœurs : ces deux choses si vagues, si indécises, si variables surtout, suivant les temps et suivant les hommes.

Que deviendra alors la Fondation ? Certes le Gouvernement pourra refuser d'en autoriser l'acceptation, mais il pourra aussi la permettre, déduction faite de la clause incriminée, et, en tous cas, cette clause ne liera jamais l'établissement gratifié.

Que cet établissement vienne à ne pas la respecter et que, se basant sur ce fait, les héritiers du disposant réclament la révocation de la libéralité pour inexécution des conditions : la condition que vous nous reprochez de ne point exécuter, dira-t-il, est contraire à l'ordre public et aux bonnes mœurs. En l'apposant à sa libéralité, votre auteur n'a rien fait de valable. Elle doit être considérée comme non écrite et, par conséquent, je ne puis être condamné pour n'en avoir pas tenu compte.

Cette clause cependant était peut-être ce qui tenait le plus au cœur du fondateur ; ce qui renfermait l'idée qu'il voulait perpétuer et pour laquelle il s'était dépouillé, tellement que, elle enlevée, l'institution, fondée de ses deniers, prendra un caractère tout autre et, peut-être, diamétralement opposé à celui qu'il voulait lui donner.

Ainsi, par exemple, un testateur lègue une somme de 30,000 francs, à une commune à charge par cette commune de construire une école desservie par des instituteurs congréganistes. A un moment donné les instituteurs congréganistes sont remplacés dans l'école par des instituteurs laïques, c'est-à-dire, non seulement par des instituteurs auxquels le disposant préférait ceux désignés dans sa libéralité, mais encore des instituteurs auxquels il a eu précisément pour but d'enlever l'enseignement de la commune. Ses héritiers intentent une demande en révocation pour inexécution des charges de la donation. Mais que la clause qui impose à la commune l'obligation de maintenir à perpétuité dans son école des instituteurs congréganistes soit déclarée illicite ou impossible et ils échoueront dans leur demande et leur auteur se trouvera avoir fondé une école laïque alors qu'il voulait fonder, au contraire, une école congréganiste. Les derniers arrêts intervenus sur cette question à la suite de la loi du 28 mars 1882 (1) sur l'instruction primaire, ordonnant le remplacement dans toutes les écoles communales des instituteurs congréganistes par des instituteurs laïques, ont, il est vrai, reculé devant cette solution. Ils ont décidé que ce remplacement ne devait pas entraîner contre les communes une condamnation à des dommages intérêts parce qu'il n'avait pas dépendu d'elles, et qu'il était, vis-à-vis d'elles, un fait de prince, mais qu'en tous cas, il les obligeait

(1) Cass. 12 et 19 mars 1884 ; S. 1884. I 281.

à restituer les sommes reçues. C'était déclarer possible et licite la clause mise à la Fondation.

Or il pouvait parfaitement en être autrement. Une commune, en effet, ne peut recevoir que pour fonder une école communale : elle n'aurait pas capacité pour recevoir une somme destinée à la création d'une école libre. Eh bien, la nomination des instituteurs communaux n'appartient pas à la commune, pas plus que leur révocation. « L'éducation nationale n'appartient qu'à l'Etat, puisqu'elle en est la base et le fondement le plus solide... C'est au souverain à former ses sujets, c'est à la patrie à élever ses citoyens, c'est à l'État à instruire ses membres », disait Portalis dans une consultation célèbre donnée à la date du 12 novembre 1768.

Notre législation a mis ces principes en vigueur. Elle n'a pas voulu que chaque commune, en choisissant son instituteur, pût faire donner dans son école, une instruction et une éducation à elle, distincte de celle donnée dans les communes voisines, et elle a confié au représentant du Gouvernement, c'est-à-dire au préfet, la nomination et la révocation de ces modestes mais importants fonctionnaires.

De plus, il est admis sans conteste qu'un père de famille ne peut valablement s'engager à faire élever ses enfants dans telle maison désignée ou d'après tel système spécifié. Un pareil engagement est considéré comme illicite et ne lie pas celui qui l'a contracté. Par suite, une condition de ce genre mise à une libéralité est considérée comme non écrite. Or, une commune vis-à-vis des enfants qui fréquentent son école n'est-elle pas exactement dans la même situation qu'un père vis-à-vis de ses enfants? La loi n'a pas voulu que le père de famille pût valablement s'engager à faire élever ses enfants de telle manière plutôt que de telle autre, afin qu'il pût toujours renoncer au mode d'instruction et d'éducation par lui choisi le jour où il s'apercevrait que ce mode est défectueux, dangereux peut-être pour le cœur comme pour l'esprit de ses enfants. Elle a voulu qu'il pût toujours réparer son erreur pendant qu'il en était encore temps sans qu'aucune considération puisse le faire hésiter, même le retenir dans cette voie. Il doit en être de même pour la commune, qui a charge d'âmes non seulement pour un ou deux enfants, mais ponr tous ceux que le sort a fait naître sur son territoire. L'obliger à voir impassible et les mains liées à jamais l'instituteur de son école donner dans cette école une instruction qu'elle croit, à tort peut-être, mais enfin qu'elle croit mauvaise, est une chose condamnable et qu'on ne peut, croyons-nous, considérer que comme immorale (1).

(1) C'est du reste la thèse que soutint M. Jules Roche à la tribune de la Chambre lors de la discussion de l'art. 19 de la loi du 30 octobre 1886 sur l'organisation de l'enseignement primaire. (*Journal officiel* du mars 1884, p. 589.)

Il n'y aurait donc rien eu d'étonnant à ce que les tribunaux eussent déclaré légalement impossible et contraire aux lois, comme telle non écrite la clause affectant les libéralités dont la restitution était demandée dans les instances auxquelles nous faisions allusion tout à l'heure.

C'était, même à notre avis, le seul moyen de soustraire la plupart des communes attaquées à la condamnation à des dommages-intérêts réclamés contre elles. La plupart de ces communes en effet n'avaient pas attendu que l'arrêté préfectoral vînt relever les instituteurs congréganistes de leurs fonctions. Elles avaient elles-mêmes demandé et provoqué leur remplacement.

Or, si aux termes de l'art. 1147 du Code civil, il n'y a pas lieu à dommages-intérêts lorsque, par suite d'un cas de force majeure ou d'un cas fortuit, le débiteur a été empêché de donner ou de faire ce qu'il s'était obligé de donner ou de faire, ou a fait ce qui lui était interdit; encore faut-il, pour qu'il soit déchargé de toute responsabilité, que l'événement n'ait pas été précédé, accompagné ou suivi de quelque faute qui lui soit imputable. Si, au lieu de prévenir le cas fortuit ou la force majeure, il l'a lui-même provoqué, sa responsabilité subsiste, car le cas n'est plus, à proprement parler, fortuit. Il devient la conséquence de sa provocation; la force majeure ne naît plus d'elle-même, elle est le résultat de l'acte du débiteur; le fait du prince c'est-à-dire d'une autorité supérieure, impartiale désintéressée, n'est plus lui-même l'acte exclusif et tnitial de cette autorité, mais la suite de l'effort ienté, des instances ouvertes par le débiteur pour la déterminer dans un sens contraire à l'obligation contractée. C'est ce que démontre très bien M. Larombierre. (Des obligations t. I N. 21 sur l'article 1145). en disant : « Je provoque le percement d'une rue nouvelle et l'expropriation de terrains que j'ai donnés à bail. Lorsque mes locataires et fermiers réclameront contre moi des dommages-intérêts pour la privation de jouissance, je pourrai sans doute m'abriter un instant derrière la preuve qu'il y a eu fait du prince, force majeure; mais ils pourront, de leur côté, prouver que la cause *de leur dommage* ne m'est pas étrangère, que, par conséquent, le fait de l'autorité n'a, dans les circonstances actuelles, que les apparences d'un cas de force majeure, et qu'au fond il n'est imputable qu'à moi-même » (1).

La plupart des communes attaquées, croyons-nous, auraient donc dû être condamnées si elles n'avaient pu s'abriter que derrière l'article 1147, et si elles n'avaient point été couvertes par l'article

(1) Voir dans le même sens, Demolombe, *Traité des contrats*, t. 5. N. 555.

900 qui, en supprimant la clause elle-même, enlevait aux héritiers le droit de se plaindre de son inobservation.

La jurisprudence, il est vrai, s'est prononcée en sens contraire, et l'article 19 de la loi du 30 octobre 1886 sur l'enseignement primaire, en limitant à deux ans le temps pendant lequel on pouvait intenter des actions « à raison de donations et legs faits aux communes antérieurement à la présente loi, à charge d'établir des écoles ou salles d'asile dirigées par des congréganistes ou ayant un caractère confessionnel », semble avoir donné raison à cette jurisprudence.

D

Des Fondations, en cas de perte ou de diminution du capital affecté à leur service, ou en cas d'impossibilité de leur acquit.

Il reste enfin une dernière conséquence de la nature des Fondations dans notre droit, que nous devons examiner, vu son importance et les nombreuses difficultés qu'elle soulève à chaque instant.

Un testateur a légué une somme de 20,000 francs à un hôpital pour la fondation de trois lits. Au moment de la donation, cette somme pouvait être très suffisante pour couvrir les dépenses exigées par ces trois lits. Mais, avec le temps, il a pu se faire que, par suite de l'augmentation du prix des choses nécessaires à la vie et du salaire des gens de service, cette somme soit devenue complètement insuffisante. Il a pu même arriver que le capital lui-même ait disparu en totalité ou en partie. Dans ce cas, l'hospice qui, en fait, n'a passé avec le fondateur ni un marché, ni une convention aléatoire quelconque, qui n'a fait, somme toute, que s'entremettre pour l'accomplissement d'une œuvre de charité et ne retire aucun profit de son entreprise, l'hospice, dis-je, sera-t-il astreint à continuer l'entretien des trois lits et à combler le déficit avec ses propres ressources ?

Evidemment, si la Fondation avait une existence propre, si le patrimoine affecté à son entretien devait être considéré comme un patrimoine spécial et distinct dont l'hôpital ne serait que l'administrateur mais non le propriétaire, la question ne soulèverait pas de difficultés. La Fondation ne trouvant plus dans sa dotation les moyens de subsister telle qu'elle a été établie, devrait être réduite, car elle n'aurait pas le droit de demander à qui que ce soit de parfaire les revenus dont elle a besoin. Elle serait dans la situation de tout individu qui voit augmenter ses dépenses sans voir augmenter sa fortune : Elle devrait se restreindre,

Mais il n'en est pas ainsi, nous le savons. La Fondation se présente à nous comme une libéralité dont l'hospice est devenu propriétaire par le fait de son acceptation, mais propriétaire sous la condition de satisfaire à une charge déterminée, charge dont il s'est dès lors constitué débiteur, et débiteur quels que soient les événements postérieurs qui pourront se produire. En acceptant la libéralité, il a acquis d'une part, mais il s'est obligé de l'autre, et la force et la durée de l'obligation résultant de la charge acceptée ne sont pas subordonnées à la conservation du capital ou au maintien de l'égalité de la charge. Par cela seul que l'hospice a perçu, il s'est obligé à satisfaire à la condition mise à cette perception et à y satisfaire *in perpetuum* ou à restituer : la cause de son obligation comme la cause des obligations de tout donataire à charge, résultant de la perception et non de la détention des biens donnés. En fait, le traité intervenu entre lui et le disposant n'était pas un marché, un contrat intéressé ; mais, en droit, il en était un. Il pouvait lui être défavorable comme favorable. C'était à lui de prévoir et de peser les chances de l'avenir avant d'accepter.

Dans le sens de cette doctrine, nous pouvons citer un arrêt de la cour de Caen, du 12 novembre 1859 qui, la poussant à ses dernières limites, a décidé qu'une ville instituée légataire d'une rente à charge d'en affecter les revenus au profit d'une Société de bienfaisance, devait continuer à exécuter la charge dont elle s'était constituée débitrice en acceptant le legs, alors même que le légataire universel, devenu insolvable, ne pouvait fournir le capital de cette rente. Là, on le voit, la ville n'avait pas perdu le capital productif de la rente; elle ne l'avait même pas reçu, mais elle avait accepté la donation avec la charge, et la Cour faisant, et avec raison, résulter la cause de l'obligation, non pas de la perception des deniers, mais de la seule acceptation de la donation, a décidé que la ville était liée désormais et ne pouvait plus se soustraire à son engagement (1).

Par contre, et pour les mêmes motifs, si j'ai affecté une somme déterminée à l'entretien d'une Fondation que doit acquitter un établissement quelconque, et si, à un moment donné, il devient matériellement ou juridiquement impossible à cet établissement d'acquitter la dite fondation, il sera libéré sans être cependant tenu de restituer le capital donné.

J'ai confié par exemple 100,000 francs à l'hôpital civil de X..., à charge par cet hôpital d'entretenir, à perpétuité, trois lits pour les soldats malades de la garnison. La garnison vient à être retirée de la

(1) Sirey, 70, II, 145.

ville. La fondation n'a donc plus sa raison d'être, et disparaît *ipso facto*.

Evidemment si l'hospice ne devait être regardé que comme le gardien et l'administrateur de la somme à lui remise, si cette somme elle-même ne devait, en aucune façon, être considérée comme faisant partie de son patrimoine, il ne pourrait plus la conserver : il devrait la remettre soit aux héritiers du fondateur, soit plutôt à l'Etat, seul héritier des êtres de raison.

S'il n'avait d'autre titre à posséder ce capital que sa qualité d'administrateur, sa possession ne pourrait survivre à la Fondation elle-même et devrait prendre fin avec elle.

Mais il n'en est point ainsi, nous le savons. Le capital dont il s'agit n'a pas seulement été confié à l'établissement élu pour qu'il l'administre. Il lui a été donné, moyennant une charge. Cette charge devient impossible à réaliser. L'établissement se trouve dès lors dans la situation de tout donataire ou légataire à charge qui, par un cas fortuit ou de force majeure, se trouve mis dans l'impossibilité d'accomplir la charge dont il est grevé. En vertu de l'article 1302 du Code civil, il est libéré de sa charge, mais il n'en conserve pas moins la libéralité.

En vain, les héritiers du fondateur viendraient soutenir qu'il n'a été gratifié qu'en vue de la charge à lui imposée ; que cette charge était la cause de sa libéralité et qu'il ne peut la retenir sans s'acquitter de sa mission, car autrement il la retiendrait sans cause. En vain, en un mot, ils voudraient soutenir que la détention du capital donné ne peut être que corrélative de l'acquit de la charge mise à la donation.

Toute fondation, en effet, dans notre droit, se ramène à une acquisition d'une part, à une obligation de l'autre nous l'avons déjà dit. Cette acquisition et cette obligation se causent, il est vrai, réciproquement, et la naissance de l'une est bien subordonnée à la naissance de l'autre. Mais une fois nées l'une et l'autre, elles deviennent absolument indépendantes. Elles existent séparément, de sorte que si l'une vient à disparaître, l'autre ne saurait en souffrir et doit demeurer intacte, sans qu'on puisse dire qu'elle demeure sans cause : la cause de de l'une comme de l'autre étant la naissance, soit de l'acquisition soit de l'obligation, non la conservation de cette acquisition ou de cette obligation.

On aperçoit immédiatement tout ce qui résulte d'une pareille solution, dans la question des écoles, par exemple, que nous étudions tout à l'heure. Si Paul, bénéficiaire à charge de fondation, est libéré de l'acquit de cette fondation sans être tenu de restituer la libéralité lorsque ladite fondation devient impossible à réaliser, comment pouvoir soutenir, avec la Cour de cassation, que les communes gratifiées à charge d'entretenir à perpétuité un instituteur congréganiste dans leur école, comment, dis-je, soutenir que par suite de la loi nouvelle sur l'enseignement public, ces communes sont obligées à restituer ces libéralités. En rendant impossible l'observation de l'obligation par elle contractée, cette loi ne les libère-t-elle pas purement et simplements, sans porter pour cela atteinte à la validité de leur acquisition ; validité indépendante de la persistance de l'obligation concomitante, mais non corrélative de cette acquisition.

VII

COUP D'ŒIL SUR LES LÉGISLATIONS ÉTRANGÈRES

Nous venons d'essayer de déterminer la nature et le mode d'établissement des Fondations dans notre législation française. Ce droit, en l'absence de toute loi sur la matière, et presque de tout texte législatif, nous avons dû péniblement le reconstituer à l'aide des principes généraux, et, une fois que nous l'avons eu reconstruit, nous avons pu constater combien il était étroit et combien, surtout, il était d'une application délicate et de nature à embarasser, même à induire en erreur les Fondateurs. Pour fonder avec quelque espérance de faire une disposition valable, à l'abri de toute réduction, de toute modification, de toute cause de caducité, il faut presque être un jurisconsulte. En tout cas, il est imprudent de faire de semblables libéralités sans s'entourer des conseils d'un homme de loi.

Les législations étrangères sont-elles sur cè point aussi silencieuses, aussi rigoureuses, aussi ambiguës que la nôtre?

Presque dans tous les pays nous trouvons des lois

ayant rapport à l'emploi et au mode de gestion des capitaux de Fondations, ou tout au moins de certaines catégories de Fondations, les plus importantes et les plus fréquentes. Ainsi en Belgique où notre Code civil est en vigueur, la loi du 19 décembre 1864 règle minutieusement tout ce qui a rapport aux Fondations en faveur de l'enseignement public ou au profit des boursiers (1). En Suisse, la loi fédérale du 14 juin 1881 s'explique formellement sur le mode de constitution des associations scientifiques, artistiques, d'utilité publique et sur l'admistration des biens de ces mêmes associations (2). En Allemagne, l'emploi et le mode des gestions des capitaux de Fondation est règlé comme l'emploi et le mode de gestion des biens des pupilles. Presque toutes les législations nouvelles enfin se sont vivement préoccupées de la question et n'ont eu garde de la laisser dans le regrettable silence et la nuisible indécision que nous avons eu à constater chez nous. (3)

Que décident ces législations?

Toutes admettent la faculté de faire des Fondations au moyen de libéralités à charges faite en faveur d'une corporation, d'une association, d'une personne civile enfin déjà existante. La loi belge de

(1) *Pasinomie Belge*, année 1864.

(2) *Code Fédéral des obligations*, titre 27, art. 678, et titre 28 art. 716.

(3) Code civil Italien, art. 2.

1864, notamment, décide que les libéralités en faveur de l'enseignement primaire d'une commune ou d'une section de commune, sont réputées faites à la com mune ou à la section de commune; que les libéralités faites en faveur de l'enseignement primaire d'une province sont réputées faites à la province ; que les libéralités faites en faveur de l'enseignement primaire du pays sont réputées faites à l'Etat, que les libéralités en faveur de l'enseignement moyen, scientifique, artistique ou professionnel dans un établissement dépendant de la commune, ou au profit d'un pareil établissement, sont réputés faites à la commune, etc., (1). Rien que par ces quelques articles que de procès, que de débats sont supprimés qui encombrent nos tribunaux et nos écoles. M. Roth, dans son ouvrage intitulé *Sytème du droit privé Allemand*, s'exprime ainsi : « Par Fondation on entend généralement une affectation de bien à un emploi déterminé, soit public ou privé, patriotique, religieux, scientifique, artistique, utile à une seule famille, ou simplement pour une dépense comme la création d'un hôpital, d'une école, etc.. . . . .
. . . .

« De pareilles fondations peuvent être réalisées de deux manières : soit par une libéralité en faveur d'une corporation déjà existante, soit... »

(1) Loi belge du 9 décembre 1864 : Art. 1, 2, 3, 4 et 5.

En Suisse, en Espagne, en Italie, les corporations existantes, les établissements publics peuvent également recevoir à charge de Fondation, sous certaines conditions et moyennant certaines formalités, généralement les mêmes que chez nous.

Mais, tandis que ce mode de Fonder est le seul normal en France, il n'en est pas de même dans la plupart des pays que nous venons de citer.

L'article 18 de la loi belge de 1864 est ainsi conçu: « Les libéralités qui ont pour objet de fournir' sous le titre de bourses, des secours aux membres d'une famille ou à des individus d'une ou plusieurs localités, dans le but de leur procurer l'enseignement primaire, moyen, supérieur, scientifique, artistique ou professionnel ou de leur faciliter les études dans une branche quelconque de l'enseignement, seront, dans chaque province, acceptées, régies et affectées à leur but par une commission composée de cinq, sept ou neuf membres nommés par la députation permanente du Conseil provincial, selon qu'il n'y aura dans la province deux, trois ou quatre arrondissements judiciaires, etc. »

On le voit, le patrimoine ainsi destiné à subvenir aux dépenses des boursiers n'est pas, ici, donné à la Ville, à la Province, à l'Etat, à une Université quelconque. Il est individualisé : il devient une personne morale spéciale, vivant d'une vie à part, et ayant à elle ses administrateurs, ses conseils, tous les rouages, en un mot, qui lui sont nécessaires pour jouer un rôle dans la vie juridique, mais pas d'autre propriétaire que l'idée même en vue de laquelle il a été constitué : ce qui est, nous le savons, le véritable caractère de la Fondation, à tel point que certains auteurs se refusent presque à en voir une partout où il ne se rencontre pas. « *Une fondation , au sens propre du mot, ne se présente que lorsque la disposition crée une personne juridique nouvelle* » dit formellement M. Roth, dans l'ouvrage que nous citions tout-à-l'heure (1).

En Suisse, le même mode de constitution des Fondations est reconnu et pratiqué. Ainsi, à la date du 1er mars 1876, je trouve une loi portant création d'une caisse de subsides pour les étudiants du Gymnase et de l'Université de Genève. Elle est ainsi conçue :

« Le Conseil d'Etat de la République et Canton de Genève fait savoir que :

« Le grand Conseil,

« Vu l'article 160 de la loi sur l'instruction publique du 19 octobre 1872 :

« Sur la proposition du Conseil d'Etat,

(1) Roth, *Syst. des deutschen privatrecht*, 1 part., p. 73.

« Décrète ce qui suit :

« Article premier. — Il sera constitué par l'Etat un fonds inaliénable de 50.000 francs en faveur d'une Fondation pour les étudiants genevois et qui aura pour but, etc. . . . .
. . . .

« Art. 3. — Le fonds alloué par l'Etat sera de fr. 50,000 dont fr. 18,000 seront payés en 1876, fr. 16,000 en 1877, et fr. 16,000 en 1878. Le capital de la Fondation pourra s'accroître de legs et donations.

« Art. 4. Ce capital sera géré par un Comité de sept membres élus tous les quatre ans. Deux membres seront nommés par le Conseil d'Etat, trois par le Sénat universitaires et deux par le Gymnase, représenté par son directeur et ses professeurs. Ce Comité seul fixera, sur le préavis du corps enseignant compétent, la quotité de chaque subside, son emploi et sa durée. . . . .
. . . .

« Art. 8. En cas de dissolution de la Fondation, pour quelque cause que ce soit, son fonds capital sera, de plein droit, acquis à la caisse de l'Etat.

« Le grand Conseil décidera alors de l'emploi de ces fonds au profit du Gymnase et de l'Université.

« Le Conseil d'Etat est chargé de faire promulguer les présentes dans la forme et le terme prescrits.

« Fait et donné à Genève, le......, etc. »

C'est bien le même procédé qu'en Belgique. Le

capital est donné par l'Etat (il aurait pu l'être par un simple particulier). Il sort de ses coffres, mais il n'est point attribué à un établissement d'instruction ou à une division administrative du pays. Il est, en quelque sorte, animé et, désormais, il va vivre pour procurer aux boursiers les ressources qu'on a voulu leur assurer, sans qu'aucune personnalité étrangère soit mêlée à son existence (1).

---

(1) Les lois des 10-16 avril 1867, art. 15, et 28 mars 1882, art. 17, sur l'Enseignement primaire, ont établi, dans chaque commune, une caisse des Ecoles, destinée à encourager et à faciliter la fréquentation de l'école par des récompenses aux élèves assidus et par des secours aux élèves indigents.

Les lois des 1er et 4 juin 1878, art. 7 et suiv., et 3 juillet 1880, art. 10 et suiv., ont créé, sous la garantie de l'Etat, une caisse spéciale chargée de payer aux lycées les subventions qui leur auront été accordées ; de faire aux départements et aux communes certaines avances prévues par la loi ; de payer aux collèges communaux les subventions qui leur ont été allouées ; et de faire le service des subventions et des avances pour la construction des écoles primaires, dans les conditions de la loi du 1er juin 1878, modifiée par celle du 3 juillet 1880.

La loi des 11-15 juillet 1868, art. 6, avait créé une caisse des chemins vicinaux chargée de faire, pendant dix ans, aux communes, dûment autorisées à emprunter, les avances nécessaires pour l'achèvement des chemins vicinaux ordinaires. Ces différentes caisses et quelques autres du même genre ont toutes une fonctionnement spécial, un administration à part, une vie propre en un mot. Peut-on dire cependant qu'elles sont des Fondations et des Fondations analogues à celles que nous venons de rencontrer en Belgique, en Italie et que nous allons rencontrer en Allemagne ? Je ne le crois pas. Reportons-nous, en effet, aux textes qui ont organisé et réglementé ces institutions.

Les art. 8 et 9 de la loi des 1er et 4 juin 1878, sont ainsi conçus :

Art. 8. La caisse, pour la construction des écoles pourvoira au payement des subventions et avances ci-dessus stipulées, soit avec des fonds qui seront mis à sa disposition par le Trésor, moyennant un intérêt de 3 pour 100, réglé annuellement, soit avec le produit de la négo-

Il trouve dans son attribution une cause suffisante d'existence.

L'article 716 du code fédéral de 1881 règle du reste aussi la constitution des êtres de raison de ce genre :

« Les sociétés qui ont un but scientifique, artis-

ciation de titres créés et émis dans les conditions du dernier paragraphe de l'article 8 de la loi du 11 juillet 1868 sur les chemins vicinaux.

Art. 9. Les subventions payées aux communes par la caisse pour la construction des écoles lui seront remboursées en capital et intérêts au moyen de quinze annuités de 5 millions de francs chacune, à inscrire au budget du ministère de l'instruction publique, à partir de l'exercice de 1878. Cette dotation sera ordonnancée au profit de la caisse et payée par le Trésor, dans les trois premiers mois de chaque année. Les crédits nécessaires seront ouverts chaque année par la loi de Finances. »

L'art. 11 de la loi du 3 juillet 1880, porte. « La caisse des lycées, colléges et écoles primaires, pourvoira au payement des subventions et avances ci-dessus stipulées, soit avec des fonds qui seront mis à sa disposition par le Trésor, moyennant intérêt, soit avec le produit de la négociation de titres créés ou émis dans les conditions du dernier paragraphe de l'article 8 de la loi du 11 juillet 1868, sur les chemins vicinaux, etc. »

L'art. 12 de la même loi continue : « Les subventions payées par la caisse des lycées, colléges et écoles, lui seront remboursées en capital et intérêts, au moyen de vingt-huit annuités de 6,500,000 francs chacune à inscrire à un chapitre distinct du budget du ministère de l'instruction publique, à partir de l'exercice 1880. La dotation ci-dessus de 6,500,000 sera ordonnancée au profit de la caisse et payée par le Trésor dans les trois premiers mois de chaque année, etc. «

La loi des 11-15 juillet 1868, contient des dispositions analogues.

Ces caisses n'ont donc point été instituées pour renfermer et administrer un capital déterminé destiné à fournir des subventions pour construire des écoles primaires, des colléges ou des lycées et pour l'achèvement des chemins vicinaux. Elles n'ont eu d'autre but que de réglementer et d'organiser les avances faites, chaque année, par l'Etat aux communes et aux départements, et le mode de remboursement de

tique, religieux ou de récréation, ou tout autre but intellectuel, peuvent, en se faisant inscrire sur le registre des communes, acquérir la personnalité civile, même dans le cas où elles n'auraient pas eu jusqu'à présent cette faculté d'après la législation cantonale.

L'inscription et la publication dans la feuille officielle du commerce, doivent, dans ce cas, contenir des indications précises sur le nom, le siége, le but, l'organisation de l'association, et mentionner notamment de quelle manière elle est dirigée et représentée. »

Ainsi donc, pour ces sociétés, la personnalité civile résulte d'une simple publication prescrite dans un but d'intérêt commun, et ce qui est vrai des sociétés l'est également des simples Fondations : la loi que nous avons rapportée plus haut en est une preuve évidente.

Mais c'est surtout en Allemagne que les fondations de ce genre se sont développées et ont pris leur véritable forme. C'est là que, pour la première fois, il fut admis qu'on pouvait parfaitement insti-

ces avances. Elles sont un moyen de comptabilité, une sorte de rouage de l'administration des finances publiques, mais rien autre chose. Elles ne rappellent surtout en rien les Fondations, telles que nou les avons définies. Loin, en effet, que le capital de ces caisses soit immobilisé dans un but spécial, c'est ce capital lui même qui, par un roulement approprié et déterminé par la loi, sert à réaliser ce but ce qui, nous le savons, est incompatible avec l'idée de Fondation.

tuer la cause elle-même, indépendamment de toute représentation juridique, et faire d'une idée un sujet de droit en dehors de toute personnalité humaine, de toute association, de toute corporation (1).

« Celui qui veut donner des biens pour un but pieux ou utile, dit Puschta, par exemple pour les pauvres, les malades, les orphelins, les progrès de l'art ou des sciences, la propagation du christianisme, n'a pas besoin de faire entrer ces biens dans le patrimoine d'une personne existant naturellement ou civilement avec la condition d'un emploi déterminé. Cette fondation utile est considérée comme un patrimoine subsistant par soi-même et ayant en soi-même le sujet de son existence » (2)

Roth dit de même : « les Fondations peuvent être réalisées de 2 manières. 1° Par la constitution propre des biens avec arrangement d'une administration déterminée. Dans ce cas il n'y a aucune personnalité humaine qui, même indirectement, puisse être considérée comme propriétaire des biens » (3).

C'est là le mode normal de fonder dans tous les pays d'Outre-Rhin et ces constitutions de biens en

(1) Windescheid, t. 58 et 59.
(2) Puchta, Paudecta, p. 27.
(3) Roth. Loc. cit.

petites entités juridiques, se font avec la plus grande facilité.

Sauf certaines lois spéciales, en effet, elles n'ont pas besoin de l'autorisation du gouvernement pour pouvoir jouer un rôle juridique et dans les pays mêmes où cette autorisation est exigée, elle est de pure formalisme, de sorte qu'en résumé, la volonté seule du disposant suffit à établir une Fondation. Le gouvernement toutefois ne reste pas désarmé vis-à-vis de ces dispositions. Il a le droit de se faire remettre les statuts de l'institution projetée pour les examiner. Il peut, s'il y a lieu, en exiger ou en faire la publication. Enfin, si le but poursuivi est contraire aux lois ou aux bonnes mœurs, la disposition est à considérer comme non écrite et ce qui a été fait en conformité d'elle est regardé comme juridiquement inexistant.

A titre d'exemple de ces Fondations allemandes et pour en bien faire comprendre l'établissement, la nature et le fonctionnement, nous allons rapporter ici les principaux statuts de l'une de celles assurément qui font le plus d'honneur à leurs auteurs : de la Fondation Bluntschli.

A la mort du savant professeur, ses amis voulant honorer sa mémoire, pensèrent qu'ils ne pouvaient mieux le faire qu'en fondant, sous son nom, un concours de droit international, et voici comment cette fondation se présente à nous.

« Article premier. La Fondation Bluntschli a pour but de faire progresser la science du droit international et celle du droit public en général par des concours ou par d'autres moyens appropriés.

Article 2. La fondation Bluntschli a son siège à Munich.

....

....

Art. 4. Le Conseil est composé de trois membres élus, la première fois en 1883 par le Comité fondateur, par bulletins, à la majorité relative des voix et ensuite par cooptation, et de telle sorte que chacune des Facultés de droit de Zurich, de Munich et de Heidelberg, soit, autant que possible, représentée dans le Conseil ; d'un membre désigné pour une période de trois années par l'Institut de droit international ; d'un membre résidant au siège de la Fondation, nommé par cooptation par les susmentionnés.

Art. 5. De trois en trois ans, un des membres nommés en automne 1883, sortira dans l'ordre déterminé par le sort. Le membre sortant est rééligible par cooptation.

....

....

Art. 14. L'avoir de la Fondation se compose :

1° Des sommes qui ont été recueillies par les membres du Comité fondateur;

2° De libéralités faites à la Fondation par donation ou à cause de mort :

3° Des intérêts non employés du capital de la Fondation.

Art. 15. Le capital de la Fondation doit être placé sûrement, conformément aux lois concernant les capitaux de Fondation ou des pupilles, en vigueur au siège de la Fondation. Le Conseil décide des placements.

....

....

Art. 17. Tant que l'avoir de la Fondation n'aura pas atteint un montant de 50.000 marcs, la moitié au moins des revenus annuels devra être capitalisée, etc.

C'est bien là, assurément, le type de la Fondation allemande, de la Stieftung, véritable idée personnifiée et en quelque sorte matérialisée, fixée au capital qu'elle anime et dont elle reçoit, en revanche, la stabilité qui manquait à sa nature immatérielle et fugitive.

La fortune publique en Belgique, en Suisse et en Allemagne est-elle compromise par la création libre de ces petites entités juridiques? La sécurité de l'Etat est-elle menacée par leur accroissement trop considérable ou par le développement excessif de leurs richesses? Personne ne le pense. Tout le monde s'accorde au contraire à reconnaître les services qu'elles rendent à la charité, aux sciences, aux arts, à l'instruction du peuple, aux familles en faveur desquelles elles ont été constituées. De plus, grâce à elles, l'accumulation toujours dangereuse de trop grands capitaux aux mains du même établissement est évitée elles puisqu'elles divisent entre elles toutes ce que nous réunissons sur la tête de quelques Maisons seulement et c'est là, à mon avis, un avantage qui compense et de beaucoup le léger inconvénient qui peut résulter de leur multiplication. J'estime en effet, contrairement à notre législateur, que mieux vaut beaucoup de personnes morales peu importantes et peu riches, que quelques unes seulement détentrices d'immenses propriétés et d'une influence d'autant plus grande qu'elles s'occupent d'un plus grand nombre d'objets.

CONCLUSION

En France nous ne trouvons, législativement établie, aucune théorie générale sur la matière des fondations.

C'est à l'aide des principes généraux du droit et de quelques textes épars dans l'arsenal des lois qu'il faut fixer les règles qui les régissent. Ces règles se ressentent, par suite, de la difficulté même qu'on a eu à les établir. Elles sont obscures, ambigues, elles prêtent aux controverses et font que, trop souvent, les tribunaux retentissent du bruit des procès que soulève l'exécution d'intentions presque toujours louables et désintéressées et dont la mise en œuvre devrait bien plus tôt être favorisée qu'entravée. De plus, elles méritent des critiques excessivement graves.

L'ancien régime nous avait laissé sur cette matière une législation à laquelle on pouvait reprocher sa sévérité et son étroitesse mais qui avait, du moins, l'immense avantage d'être parfaitement claire et précise, et de répondre aux besoin du moment.

La plupart des législations postérieures à la nôtre ayant compris le vide qui existait de ce chef dans notre Code, ont essayé, autant que possible, de le combler, et y sont plus ou moins arrivées.

L'une d'elles, en tous cas, a su parfaitement dégager la véritable physionomie et le véritable caractère de l'institution que nous venons d'étudier. Comme récompense de cet effort dans la voie du progrès, elle a pu donner aux Fondateurs des lois qui, tout en sauvegardant les intérêts de la Société, les mettent à même de réaliser facilement leurs pensées généreuses sans crainte de faire des dispositions sans valeur comme cela n'arrive que trop souvent chez nous. Prenons donc exemple sur elle.

Depuis plusieurs années déjà le Parlement fait de louables efforts pour combler une à une toutes les lacunes de la législation et pour l'amender. La loi du 27 février 1880 sur l'aliénation des valeurs mobilières, appartenant aux mineurs et aux interdits et à la conversion de ces mêmes valeurs en titre au porteur; celle du 20 août 1881 portant modification des articles du Code civil relatifs à la mitoyenneté des clôtures, aux plantations et aux droits de passage en cas d'enclave; celle de la même date relative aux chemins et sentiers d'exploitation; celle du 5 janvier 1883 sur les risques locatifs; celle enfin du 27 juillet 1884 sur le divorce ont déjà fait beaucoup en ce sens. En outre, plusieurs projets tendant au même but sont encore à l'étude : notamment le projet Thévenet sur l'emploi des biens de Mineurs, des Hôpitaux et des autres Etablissements Publics, qui, augmenté, développé et généralisé, pourrait parfaitement se changer en un projet sur les Fondations.

Que le législateur tourne donc maintenant ses regards de ce coté là. Assurément c'est là un sujet digne de son attention, tant par la fréquence et l'importance des dispositions de ce genre que par la noblesse des sentiments qui les inspire. Les réglementer serait, pour ainsi dire, réglementer la charité privée après la charité publique, l'instruction libre après l'instruction de l'Etat, les institutions et les établissements privés après les institutions et les établissements publics, et n'est-il pas regrettable d'avoir à constater qu'en une matière aussi importante, tout est presque encore à faire dans notre droit pour arriver à une législation claire, précise, suffisamment libérale et suffisamment restrictive tout à la fois ; à une législation, surtout, capable de répondre aux besoins d'une époque où l'homme et la famille perdant chaque jour de leur importance et de leur vitalité, on ne doit plus guère compter sur ces éléments pour asseoir une tradition où continuer une œuvre entreprise. Les idées pour vivre et prendre le développement qu'elles comportent doivent maintenant se suffire à elles mêmes. Qu'on ne les oblige donc plus à entrer dans la personne d'un être physique incapable maintenant d'ajouter à leur vitalité et susceptible de les faire participer à sa nature mortelle.

Une loi précisant les moyens d'affecter une masse de biens à un usage donné; règlant avec soin le mode de placement et d'administration de ses mêmes biens; dispensant surtout les Fondateurs de la nécessité de faire toujours de ces affectations, des libéralités à charge au profit de personnes morales dont il faut laborieusement rechercher la capacité générale et la capacité relative sans avoir jamais la certitude que l'une ou l'autre ne seront pas contestées, une pareille loi, dis-je, rendrait d'immenses services. Elle apporterait l'odre et la lumière là où règne la confusion et l'incertitude. Elle éviterait à l'avenir ces changements de jurisprudence que nous avons eu à constater sur des points d'un intérêt journalier cependant, et sur lesquels il importerait qu'on puisse être fixé sans contest. Elle metterait, sous ce rapport, notre législation sur le pied d'égalité avec les législations des pays voisins. Probablement même, elle la rendrait supérieure à celles-ci.

Espérons donc que le jour viendra bientôt où cette loi, votée et promulguée, rendra inutile la trop rapide étude que nous venons de consacrer aux Fondations en levant toutes les difficultés et tous les doutes capables de naître relativement tant à leur constitution qu'à leur fonctionnement.

POSITIONS

Droit Romain

I. — La querela inofficiosi testamenti a été introduite dans la législation romaine par un usage constant dont l'origine doit être attribuée aux Prudents.

II. — Il est permis à un père de faire une donation entre vifs à son fils sous la condition que le montant de cette donation s'imputera sur la légitime du donataire.

III. — Le droit d'intenter la querela était perdu lorsque celui à qui ce droit appartenait avait, d'une manière quelconque, donné son approbation au testament.

IV. — Le complément de la légitime, au cas ou la donation ou le legs fait au légitimaire était incapable de le remplir s'obtenait par une condictio ex lege.

V. Aucune personne morale ne pouvait exister en droit romain sans l'autorisation du pouvoir central. Ce principe ne reçut aucune atteinte de la liberté donnée aux fondations pieuses par les empereurs chrétiens.

VI. — L'heres suus, pour jouir du jus abstinendi, doit manifester sa volonté d'une façon quelconque, la seule abstention ne suffit pas.

VII. — L'expression d'heres suus a son origine dans l'idée de copropriété de famille et non dans celle de puissance.

VIII. — Il n'est pas nécessaire pour qu'il y ait capitis deminutio qu'il y ait, tout à la fois, changement de famille et amoindrissement de la capacité antérieure.

Histoire du droit

1. — Au moyen âge, les personnes morales n'avaient besoin d'aucune autorisation pour recueillir des libéralités.

Droit Civil

I. — Un don ou legs n'est pas valable quand il est adressé à un établissement non reconnu pour le jour où il obtiendra cette reconnaissance.

II. — Celui auquel on lègue l'universalité de ses biens pour transmettre cette universalité à un tiers n'est pas un légataire universel véritable, alors même que le testateur, n'a pas mis, expressément, les dettes à la charge du fideicommissaire.

III. — Les libéralités faites, en faveur des tiers, dans la forme déterminée par l'art. 1121 peuvent être acceptées tant après le décès du stipulant qu'après le décès de la personne au profit de laquelle elles ont été faites. Mais elles ne sauraient être considérées comme valables s'adressant à une personne non encore conçue.

IV. — La disposition de l'art. 900 du code civil est impérative ; et elle doit recevoir son application alors même qu'il est reconnu en fait que la condition a été la cause impulsive et déterminante de la libéralité.

V. — Les tribunaux n'ont pas un pouvoir discrétionnaire pour déclarer illégitime l'enfant né trois cents jours après la dissolution du mariage.

VI. — La possession d'Etat ne peut être invoquée pour établir la filiation naturelle, alors même que cette possession serait conforme à l'acte de naissance

VII. — La reconnaissance d'un enfant naturel, contenue dans un testament authentique, subsiste malgré la révocation du testament.

VIII.— Les dons manuels faits à une personne morale sont comme les donations ordinaires soumis à la nécessité de l'autorisation.

Droit administratif

I. — La capacité d'une personne civile est enfermée dans la sphère qui lui assigne son but autorisé.

II. — La clause qui dénie à l'Etat le droit de réduire un legs fait à un établissement public est valable.

II. — Quand une personne civile cesse d'exister, ses biens sont dévolus non pas à ses membres, mais à l'Etat.

TABLE DES MATIÈRES

DROIT ROMAIN

DE LA NATURE DE LA LÉGITIME

DROIT FRANÇAIS

DU MODE D'ÉTABLISSEMENT DES FONDATIONS ET DE SES CONSÉQUENCES

Lons-le-Saunier. — Imp. J. Mayet et Cie

www.ingramcontent.com/pod-product-compliance
Ingram Content Group UK Ltd.
Pitfield, Milton Keynes, MK11 3LW, UK
UKHW021826190726
13853UKWH00003B/1216